Tucholsky Wagner Zola Scott Sydow Freud Schlegel
Turgenev Wallace Fonatne

Twain Walther von der Vogelweide Fouqué Friedrich II. von Preußen
Weber Freiligrath Frey
Fechner Kant Ernst
Fichte Weiße Rose von Fallersleben Richthofen Frommel
Hölderlin
Engels Fielding Eichendorff Tacitus Dumas
Fehrs Faber Flaubert
Eliasberg Ebner Eschenbach
Feuerbach Maximilian I. von Habsburg Fock Eliot Zweig
Ewald Vergil
Goethe Elisabeth von Österreich London
Mendelssohn Balzac Shakespeare
Lichtenberg Rathenau Dostojewski Ganghofer
Trackl Stevenson Doyle Gjellerup
Tolstoi Hambruch
Mommsen Lenz Hanrieder Droste-Hülshoff
Thoma
Dach Verne von Arnim Hägele Hauff Humboldt
Reuter
Karrillon Garschin Rousseau Hagen Hauptmann Gautier
Damaschke Defoe Hebbel Baudelaire
Descartes
Wolfram von Eschenbach Dickens Schopenhauer Hegel Kussmaul Herder
Bronner Darwin Melville Grimm Jerome Rilke George
Campe Horváth Aristoteles Bebel Proust
Bismarck Vigny Barlach Voltaire Federer Herodot
Gengenbach Heine
Storm Casanova Tersteegen Grillparzer Georgy
Chamberlain Lessing Langbein Gilm Gryphius
Brentano Lafontaine
Strachwitz Claudius Schiller Schilling Kralik Iffland Sokrates
Katharina II. von Rußland Bellamy
Gerstäcker Raabe Gibbon Tschechow
Löns Hesse Hoffmann Gogol Wilde Gleim Vulpius
Luther Heym Hofmannsthal Klee Hölty Morgenstern
Roth Heyse Klopstock Kleist Goedicke
Luxemburg Puschkin Homer Mörike
La Roche Horaz Musil
Machiavelli
Navarra Aurel Musset Kierkegaard Kraft Kraus
Nestroy Marie de France Lamprecht Kind Kirchhoff Hugo Moltke
Laotse Ipsen Liebknecht
Nietzsche Nansen Ringelnatz
Marx Lassalle Gorki Klett Leibniz
von Ossietzky May
vom Stein Lawrence Irving
Petalozzi Platon Knigge
Pückler Michelangelo Kafka
Sachs Poe Liebermann Kock Korolenko
de Sade Praetorius Mistral Zetkin

Der Verlag tredition aus Hamburg veröffentlicht in der Reihe **TREDITION CLASSICS** Werke aus mehr als zwei Jahrtausenden. Diese waren zu einem Großteil vergriffen oder nur noch antiquarisch erhältlich.

Symbolfigur für **TREDITION CLASSICS** ist Johannes Gutenberg (1400 — 1468), der Erfinder des Buchdrucks mit Metalllettern und der Druckerpresse.

Mit der Buchreihe **TREDITION CLASSICS** verfolgt tredition das Ziel, tausende Klassiker der Weltliteratur verschiedener Sprachen wieder als gedruckte Bücher aufzulegen – und das weltweit!

Die Buchreihe dient zur Bewahrung der Literatur und Förderung der Kultur. Sie trägt so dazu bei, dass viele tausend Werke nicht in Vergessenheit geraten.

Nibelungen im Frack

Anastasius Grün

Impressum

Autor: Anastasius Grün
Umschlagkonzept: toepferschumann, Berlin

Verlag: tredition GmbH, Hamburg
ISBN: 978-3-8424-9013-0
Printed in Germany

NIBELUNGEN IM FRACK.

Nibelungen im Frack.

Ein Capriccio

von

Anastasius Grün.

Zweite Auflage.

Leipzig

Weidmann'sche Buchhandlung.

1853.

Herrn
Paul Pfizer
aus innigster Verehrung
Der Verfasser

Uebend angeborne Rechte
An den Lenz im Sonnenglanze,
Müde siegloser Gefechte,
Legt die Muse ab die Lanze;

Will nicht unter Machtgeboten
Kämpfen in gedrillten Schaaren,
Nicht von Söldnern der Despoten,
Nicht von Freiheitsjanitscharen.

Mögt dem Einzlen nicht versagen,
Was das Ganze soll erlangen!
Wollt ihr frei das hohe Jagen,
Gebt auch frei das Grillenfangen.

Nichts verliert an Macht und Glanze
Albion, das stolze, große,
Weil es frei die krause Pflanze
Bunter Narrheit pflegt im Schooße. –

Blumen trägt auf allen Wegen
Rings die Welt, die blüthenvolle;
Wer nur will, sei nicht verlegen,
Wo er Kränze winden solle.

Ausgestreut an allen Pfaden
Ist der Wahrheit Saatensegen;
Wer nur sucht von Gottes Gnaden,
Findet sie an seinen Wegen.

Wo im Frein der Blumenarten
Ungepflückt so viel noch bleiben,
Ist's ein danklos Mühn, im Garten

Neu die alten Pflanzen treiben.

Und der»großen That in Worten«
Könnten wir beinah entrathen;
Was uns noth thut aller Orten,
Ist ein großes Wort in Thaten! – –

Doch was soll ich Dir es sagen,
Deutscher Mann, auf dessen Munde
Schweigen ruht an rechten Tagen,
Rede blüht zur rechten Stunde;

Sprechend, wie der Ton der Flöte
Oder wie Posaunenschrecken,
Wenn er eine Morgenröthe
Grüßen durfte oder wecken;

Schweigend unter heilgen Siegeln
Sonst ein Alpensee, voll Tiefen,
Drin der Erde Höhn sich spiegeln,
Drin des Himmels Sterne schliefen. –

Doch wie kam Dein ernster Namen
Und Dein Bildniß, streng und bieder,
In den krausgeschnitzten Rahmen
Dieser heitern, losen Lieder?

So in Römervillen ragen
Marmorbüsten alter Weisen;
Bunte Blüthenranken wagen
Gaukelnd doch sie zu umkreisen.

Nibelungen im Frack.

(1842.)

»Deus aeterne, nisi vigilares, quam
male esset mundus, quem regimus nos,
ego miser venator et ebriosus ille et
sceleratus Julius!«

Ex dictis Imp. Maximiliani I.

Ein Stück Exposition, Invocation, nebst etlichen Episoden.

Ich singe jenen Helden, – ja, welchen? – wo der Held,
Deß Thaten Zauberbanne, zu fesseln süß die Welt,
Der Held, der im Liebestaumel hin seines Dichters Geist,
Wie Windeswirbel in Lüften mit sich den Frühlingsfalter
reißt?

Sei er ein Held der Vorzeit? Ach, wenn sein Banner wallt,
Das nicht das unsre, umschauert uns Grabeszugwind kalt!
Sei er aus unsern Tagen ein Held noch strebend frei?
Dem werden die Herzen wohl schlagen? – O daß es nur von
Liebe sei!

»Aufstieg ein Gestirn im Norden, es strahlte warm und hell,
Schlaftrunkne riefen: Wehe, wie wird es Tag so schnell!
Schlaflose riefen: Wehe, wie säumig, o Sonnenschein!
Wer dankt, daß Licht geworden, was Wetterwolke könnte
sein?

»Es herrscht ein Fürst im Norden, groß in der Kunst zu ge-
ben,
Fein abgelernt der Sonne hat er's, mit Gunst zu geben;
Stehn denn umsonst dort Blumen und Wiesen, Tannen, Lin-
den,
Und für die Kunst zu empfangen will ihnen sich kein Jünger
finden?

9

»Nicht nimmt er seinen Lorber von Leichenschläfen fort.
Fest hielt der alte König verschlossen den reichen Hort,
Der Sohn erschleußt den Segen, so daß es dünkt dem Volke,
Als ob die Hand ihn schütte des todten Königs aus der Wolke.

»Gerecht und mild seid denen, die vor im Kampf uns gingen!
Vor kranzgeschmückten Richtern ist doppelt schön das Ringen;
Im Wald an alten Tannen des Schößlings Wuchs sich messe,
Im kahlen Steppenlande dünkt selbst der Schlehdorn sich Cipresse.

»Abtragen ist des Handwerks, der Kunst nur ist das Baun,
Wohlfeiler Witz ist Zweifel, doch heilge That Vertraun;
Der Bauspruch ist gesprochen, der Grundstein ist gelegt,
Sei drum der Bau zerbrochen, weil eine Kron' am First er trägt? –

»Die gestern Bettler, praßten am Königsmahl als Herrn!
Am Goldplafond ob ihnen säh' ich als Lüstre gern
Den Bettelsack von gestern, sie fein zu mahnen dessen,
Wie Jenen zu Syracusä der Töpferthon bei Goldgefäßen.

»Der ungewohnte Gluthtrank verwirrt Trinkspruch und Rede,
Mit der Parketten Glätte kommt Gleichgewicht in Fehde;
So konnten sie nicht rühmen den Comfort deiner Feste
Und dich, fürstlicher Gastfreund, nicht sehr erbauen deine Gäste.

»Wir werden an dir nicht irre! Du bist wie Lenz gekommen
Erhofft, ersehnt! Lenzsonne mag noch nicht Allen frommen;
Daß sie kein Keimlein senge, daß sie kein Blühn beirre,
Verhüllt sie sich bisweilen. Wir werden, Herr, an dir nicht irre!

»O werd' an uns nicht irre! Ein Sonnenaufgang weckt
Gevögel viel, das nistend in Busch und Klüsten heckt!
Du hörst die Morgenlerche aus all der Stimmen Gewirre:
Lenzmündig sind die Lande! O werd' auch du an uns nicht

irre!«

— — — — —

So sang ich bei deinem Aufgang! – Wie wird dein Abend
sein?
Die Antwort liegt verschlossen in deines Busens Schrein!
Ich weiß nur, unsre Liebe schuf dir gar schwere Pflicht.
Sei stark und treu dir selber! Dein Leuchten braucht kein
fremdes Licht.

In deinem Land nicht säng' ich's! Den reinsten Strahl ja
schwärzt
Verdacht in Knechtgemüthern, sich dünkend frei und be-
herzt;
Ich habe nichts zu fürchten und nichts von dir zu hoffen,
Drum ließ ich den Strom der Liebe zu dir hinfluten frei und
offen!

Doch möcht' ich in dem Strome, beglänzt von heitrer Sonne,
Nach Lootsenart befest'gen manch' schwarze Warnungston-
ne:
Herr, ein Geschenk, gegeben, darf keinen König reun!
Wer vorwärts schritt, soll rückwärts den Schritt, wie Nieder-
lage, scheun!

Nicht heb', o Fürst, zu Thronen, was an die Stufen sich schi-
cke,
Und nie zu Märtyrerkronen die eignen Palmen zerpflücke!
Blutwaffen sind, und schärfre als Schwerter, die Dornenrei-
ser,
Der Kronentraum des Martyrs gebiert dem Tollhaus einen
Kaiser. –

So sang ich in meinen Bergen, – noch hoffend, als dein Land
Schon glaubens-, hoffensärmer dein Sternbild bleichend fand;
Festhalten gern die Berge den letzten Tagesstrahl,
Wenn längst hereingebrochen die alte Nacht ins dunkle Thal.

Wenn ich in Liebe irrte, mich wird es nicht entehren;
Der Liebe heil'gen Purpur, kein Fürst kann ihn entbehren!
Weh', läßt der Reichgeschmückte die edlen Kleinode wan-

dern,
Bis ihm vom Leib gefallen ein schöner Lappen nach dem
andern!

Das deutsche Herz hat lieben, vertraun beinah gelernt,
Das deutsche Lied nur wandte sich ab und grollt entfernt;
Den Faltenwurf des Purpurs, des Goldmunds Zauberrede,
Das Schweigen selbst der Lippe bemäkelt's in so kleiner Feh-
de!

Wo ist der Mann, der ragen noch über'm Trosse darf,
Den's heut nicht hob zu Sternen, mit Koth nicht morgen
warf?
Es wirbt dem jungen Dichter ein Schmählied um den Kranz,
Sei auch der Schlamm zu Perlen im Dichtermund verwandelt
ganz.

Politisch Lied, du Donner, der Felsenherzen spaltet,
Du heilge Oriflamme, zum Siegeszug entfaltet,
Du Feuersäule, dem Volke aus Knechtschaftwüsten hellend,
Du Jerichoposaune, der Zwingherrn Bollwerk all zerschel-
lend!

Sieghafter Sparterfeldherr, der Freiheit Thürmer du,
Du Todeslavine Murtens, Bastillenstürmer du,
Zornwolke, deren Blitze der Corse zucken sah,
Du Sterberöcheln der armen, gemordeten Polonia!

Du heilger Graal, Goldschale mit des Erlösers Blut,
Wenn sie zur rechten Stunde in rechten Händen ruht;
Schiffbrücke du den Deutschen zur Rache über den Rhein,
Du griechisch Feuer der Klephten, du heller Juliussonnen-
schein!

Du schwebst, wie Fahnen und Adler, den Heeren rauschend
vor!
Veit Weber und Tyrtäos, Rouget und Arndt im Chor!
Das »ça ira!« – Die Klänge aus Beranger's Verließ! –
»Noch nicht ist Polen verloren!«–»Der Gott, der Eisen wach-
sen ließ!« –

Du sprachst befeuernd, warnend, Cassandra unsern Tagen;

An's Ohr hat uns dein Wehruf, doch nicht umsonst geschla-
gen! –
Ein Buhlweib hat vor's Antlitz schlau deine Maske genom-
men,
Doch durch die Larve funkeln nicht deine Augen, die klugen,
frommen!

Sollst du das sein? Dieß Winseln bezahlter Leichenweiber
Um den erlognen Leichnam, gespielt vom Possentreiber!
Der Todte nimmt sein Laken und tanzt zu Schmaus und
Scherz;
Weh', rühren solche Hände die Gottesharfe: Menschenherz!

Sollst du das sein? Dieß schleichend Gespenst von Löschpa-
pier,
Dein Harnisch Landtagsakten, ein Zeitblatt dein Panier,
Den National, zum Dreispitz geformt, als Claque am Arme,
Gefüllt mit Zeitungswinden den Dudelsack, daß Gott erbar-
me!

Papier dein rauschender Mantel, dein Herzblut Drucker-
schwärze!
So wird das Lied gewinselt vom großen Zeitenschmerze,
In Reime die Allgemeine gebracht und nun, sub rosa
Noch komponirt dreistimmig, – wir lesen lieber sie in Prosa.

Traun, auch in Prosa läßt sich Erträgliches noch sagen,
Ein keck Scharmützeln wagen, ein herzhaft Treffen schlagen;
In Versen schrieb Washington den Brief der Freiheit nicht,
Der Herr selbst sprach in Prosa das große Wort: Es werde
Licht! – –

Es kreucht Gewürm: Notizen, und spinnt die Blätter entlang,
Spinnt weiche Seide die Raupe? Nein, blanken Namen den
Strang!
Nun schwingt sie als Lied die Flügel! Will's dir zu Ohr nicht
schallen
Und du gehst seitab schweigend, – hui, bist eidbrüchig, abge-
fallen!

Wem ihren Strahl die Freiheit einmal durch's Herz gegossen,
Abfällt der nie und nimmer, trotz sondrer Kampfgenossen!

Wir tragen der Freiheit Banner, nicht ihre Liverein;
Der Knecht will Unterknechte, der Freiheit selbst kein Sklav'
ich sein!

Ihr wollt, der Freiheit Sänger, die eigne Mutter knechten,
Die Poesie, im Feldrock der Politik zu fechten!
Im Mondlichttraum des Waldes o laßt die Jägerin schweifen,
Ist's Zeit, wird die Amazone nach Schwert und Chlamys
zürnend greifen!

Ist's Zeit, wird Speere säen der Sämann goldner Saaten,
Unmündge Kinder nur spielen in Friedenszeit Soldaten;
Ein Tellgeschoß gilt besser, das, muß es sein, trifft Herzen,
Als Perserpfeile tausend, – Heuschrecken, die den Tag nur
schwärzen!

Das Wort, das deutsche, freie, wir nimmer missen können!
Doch lernt, auch Fürstenlippen ihr freies Wort zu gönnen.
Die Zeit will euch mißfallen; gefallt wohl ihr der Zeit,
Die, was sie baut, zertrümmern, und die entweihn, was sie
geweiht?

Was nennt ihr heilig? Schützen vor eurem Hohn die Narben,
Der Kranz den greisen Fechter? das Leichentuch, die starben?
Ihr grollt mit Gott! – der Herrgott wird wohl abmagern vor
Weh! –
Entsetzt es dich, Hyäne, dein Spiegelbild zu schaun im See?

Erlösen wollt ihr die schöne, verzauberte Prinzeß,
Ihr wißt das rechte Wort nicht und Unke bleibt sie indeß;
Ihr schleppt Gebirge Reisigs zum Feuer, – frommt es auch?
Es strahlt als Licht in Nächten, bei hellem Tage gibt's nur
Rauch.

Der grüne Baum der Freude ist er denn umgerissen,
Daß nur von der Trauerweide Feldzeichen wir pflücken müs-
sen?
Weh uns, erkrankten Adlern, daß unsre matten Augen
Nur durch geschwärzte Gläser in's Sonnenaug' zu schauen
taugen!

Du aber, Neubekränzter, wenn deines Lieds Galeere

Die höchste Wogenspitze krönt in dem stürmschen Meere
Der Volksgunst, – meinst du, sie wolle dich nur in die Sterne
heben?
Von deiner Schwindelhöhe sieh dort das Riff und lerne be-
ben!
Und hat des Riffs Gekose dein Schiffsgebälk zerschlagen,
Nur Muth! – Ein Brett wird landwärts dich und den Lorber
tragen;
Ein neues Floß dir zimmre, kühn kreuze durch die Meere,
Doch steure besser, wahre getreuer deiner Flaggen Ehre! –

Der Dichtung keusches Feuer noch nähren edle Reiser,
Sprach auch, sie fast verschüchternd, der Siebenzahl ein Wei-
ser:
»Das Wiesenthal Poesis ist Blumentragens schwach,
Düngt, Blumen, dort den Acker, der ungepflügt noch liegt
und brach!«

Groß gnug bist, Menschenseele, groß gnug du, Gotteswelt,
Daß frei ein Herz ausklinge, bevor's zur Grube fällt!
Nie wird der Edelhirsch ackern, Waldrehlein gehn mit Sä-
cken,
Strauchröslein Stuben heizen, euch Nachtigall als Haushahn
wecken!

Und ragten zu den Sternen groß unsre Liedesahnen,
Wie Palmen feingefiedert, schönblättrig wie Platanen;
Dem Erdpuls sind wir näher, der Neuzeit Orchideen,
Bizarr der Wuchs, die Blüthen wie blumengewordene Mär-
chen der Feeen. – – –

Blitz! im Diskurse hätt' ich bald meinen Helden vergessen,
Wie Amme das Kindlein, herzend den Grenadier indessen,
Wie Kindlein seine Puppe, der Apfelschnitten halber,
Wie Grenadier die Amme, wohl einer schönern Dritten hal-
ber!

Mein Held ist, traun, kein Riese, das könnt' uns schnell ent-
zwein,
Dir möcht' ein Wicht mein Riese, dein Ries' ein Zwerg mir
sein;

Er ist nicht so groß, daß Mißgunst ihn noch verkleinern wollte,
Er ist nicht so klein, daß Liebe aufblasen ihn und strecken sollte.

Er schwingt in seinen Händen kein Schwert so hart und scharf
Wie Durandart, das sterbend Roland in den Brunnen warf;
Statt Etzels Gottesgeißel ein Stab, roßhaarbezogen!
Escalibor des Artus, in seiner Hand ein Fiedelbogen!

Das Rößlein, das er reitet, hat fast noch stärkern Rücken
Als Bayart, dessen Croupe vier Haimonssöhne drücken,
Und wie des Serben Marko Roß Scharatz ist's verständig,
Und lebhaft wie Rosinante, und wie Bucephalus unbändig!

Sein Rößlein heißt Marotte, im Baß geht's statt im Paß,
Von seinem Schenkeldrucke stöhnt, schnaubt der Geigenbaß!
Marotte, sei besungen wie deine Brüder im Stalle,
Du springst viel höher, weiter, du bist gewaltiger als sie alle!

Du hast, mein frommer Klepper, mich oft feldein getragen,
Stolzierst vor der Staatskarosse und keuchst vorm Erntewagen,
Schleppst dem die Dosensammlung, trägst den auf die Käferjagd;
Greif' aus und trag' uns, so lange die laue Lebenssonne tagt!

Du bist ein gelehrig Thierlein und zählst berühmte Reiter,
Hier überklimmend zierlich im Büchersaal die Leiter,
Dort watend mit dem Feldherrn im Blut erschlagner Heere,
Schwingst dich mit Diesem zu Sternen und springst mit Jenem über die Meere!

Minister trainirt dich zum Wettlauf, – am Ziel statt des Preises erblickt er
Fait accompli die Dame! Verdutzt doch grüßt und nickt er;
Beredsam wie das Graupferd der Bibel wardst du da
Und sprichst zum Weltregierer: Quam parva sapientia!

Dort hat ein Springer ersprungen der Lebensrennbahn Preis,
Bekränzt und volkumjubelt piaffirt der Hengst im Kreis;

Du bist's, mein Pferdchen, mag dich dein Reiter auch verstecken
In prunkende Schabracken, sinnspruchgeblähte Purpurdecken!

Es kommt ein Held zum Sterben, sein treues Roß ersticht er,
Daß sich's kein Andrer eigne, und dann sein Schwert zerbricht er;
Treu harrst du aus, Marotte, an deines Reiters Ende,
Ihm machte das Sterben bittrer, zu lassen dich in fremde
Hände.

Ich singe, Rößlein, deinen berühmtesten Besteiger,
Den Herzog Moritz Wilhelm, Mersburgs fürstlichen Geiger,[1]
Der auf dir ausgezogen, Frau Harmonia zu frein,
Den Fürsten, dessen Hände von Blut und Dintengräuel rein.

Ob auch die Welt unhöfisch ihn einen Narren nenne,
Daß nur des Himmelsfeuers ein Theil durch's Herz ihm brenne!
Ein Nam' ist nur ein Odem und Narr gern, wer's erräth,
Daß Narren sich Weise nennen, wenn sie in der Majorität.

Der liebe Gott läßt fließen reich seinen Sonnenschein,
Wie Kaiser bei Krönungsfesten aus Brunnen goldnen Wein;
Der Marschalk fängt im Goldkelch, das Volk in Gläsern rein,
In Thon ihn auf der Bettler; doch blieb's derselbe, edle Wein!

Viel Freudenfünkchen geben ein großes Freudenfeuer,
Mondseligkeit, du spiegelst im Meer dich, wie im Weiher!
Mein Held stieß sich in's Herze, ob Winkelried er wäre,
Soviel er konnt' umfassen der Lebenssonne Strahlenspeere!

Dich, Sonnenschein, du klarer, ruf' ich nach Recht der Dichter,

---

[1] Herzog Moritz Wilhelm, Sohn Herzogs Christian II., aus dem Hause Sachsen-Merseburg, postulirter Administrator des Hochstiftes Merseburg, geb. 5. Febr. 1688, gest. 21. April 1731 auf dem Schlosse Dobriluk, beigesetzt in der herzoglichen Gruft im Dom zu Merseburg. Ueber seine Leidenschaft für die Baßgeige berichten Büsching (Beiträge zur Lebensgeschichte denkwürdiger Personen I, 286), Flögel (Geschichte der komischen Literatur I, 185), der Baron Pöllnitz (Mémoires I, 147) u. A.

Erhellend, wärmend, schlage durch's Lied mir deine Lichter!
Den Splitter Glas am Boden schmückst du mit Regenbogen,
Den Demant unter Kieseln hast du zur Kron' emporgezogen.

Ihr aber, Hauskobolde, muthwillger Geisterchor,
Seid meine Maschinisten, doch nicht zuviel Rumor!
Ihr wißt ja, in das Epos gehört ein wenig Mirakel,
Blas't Geigenharz, Blitzpulver, durch's Licht zu Feuerwerks
Spektakel!

O Nibelungenstrophe, gewohnt in stählern Mieder,
In's Panzerhemd zu schnüren die markig strammen Glieder,
Bei wallender Oriflamme im leuchtenden Harnisch zu schrei-
ten,
Mit hochgeschwungner Keule und langgestrecktem Speer zu
streiten;

Leihst du dich auch den Spielen von schwächern Enkelsöh-
nen,
Dein Haupt mit Puderwolken, statt Schlachtenstaubs, zu
krönen?
In Schnallenschuh' zu strecken den Fuß, statt in den Bügel,
Dein Ebenmaß zu opfern des Seidenfracks betreßtem Flügel?

Du Vers der Nibelungen, du bist ein Meer, ein weites,
Hier ruht's so glänzend, schweigend, dort brandend an Fel-
sen aufschreit es!
Du bist der Strom der Ebne, der breit sich dehnt und reckt,
Und bist auch das Bächlein der Berge, das schäkernd mit
Schaumdiamant uns neckt.

Du wandelst wie in Feier ein Zug zu Domeshallen,
Im Taktschritt Truppen wallen und Narrenschellen schallen,
Herolde werfen Gold aus, das Volk sich balgt an der Treppe,
Der König schreitet schweigend, ein Page trägt die lange
Schleppe.

Du bist die Kriegsgallione, von Erzgeschossen schwer,
Trugst einst als Sängerbarke mich gondelflink durch's Meer
Dorthin, wo vom Balkone winkt Poesie, die Fei; –
O trag' auch jetzt mich wieder, zu fern nicht ihrem Herzen

vorbei!

Von einer Feder, einem Schwerte und einer Axt; nebenbei etwas von der Menschenhand.

Das Prinzlein Moritz Wilhelm, des Herzogs Christian Sprosse,
Sitzt bei dem frommen Predger im Merseburger Schlosse,
Vor ihnen aufgeschlagen ein Buch zum Unterrichte,
Leicht lesbar, schwerverständlich: das Fürstenbuch der Weltgeschichte.

Sie lesen, wie Gutes, Schlimmes der Menschenhände Ziel,
Wie Roms Mordbrenner Nero als Kind, harmlos, im Spiel
Mit Purpurnetzen fischte, – wohl ahnte die Najade
Im rothen Netz den Blutstrom des Lehrers einst im Todesbade!

Wenn Gärtner zu Salona ward der entthronte Kaiser,
Mordwaffe blieb sein Grabscheit, zum Spott heißt er ein Weiser;
Es ist nur alte Uebung des Köpfens fortgesetzt,
Nur daß Kohlköpfe müssen statt Christenhäuptern springen
jetzt!

Der Vogelheerd übt Heinrichs, des Finklers, Hand im Morden
Für spätre Wandervögel, die schlimmen Hunnenhorden;
Den blutgen Fang am Keuschberg hält noch das Wandbild fest.[2]
Es ist die Hand des Menschen wie Henkerschwert, Brandfackel,
Pest!

Glückselig, wie Da-Vinci's, die Hand, die gottbegeistert
Das Dichterroß gebändigt, des Pinsels Zauber meistert,
Die Silbergeige tönen läßt, wie ihr Stoff, so rein:
Da scheint der Gottheit Dreiklang gefahren in armes Menschengebein!

O süße Harfe Davids! O Carls schwertmüde Hand,

---

[2] König Heinrich I., der Vogler oder Finkler (Auceps), hielt, nachdem er die
Hunnen i. J. 934 am Keuschberge bei Merseburg in blutiger Schlacht geschlagen,
ein prächtiges Turnier zu Merseburg und ließ das Bild der Schlacht auf einem
Wandgemälde im dortigen Schlosse verewigen. S. Vulpius Megalurgia Martisburgica und K. H. Weise's Halle und Merseburg.

Die, frommbekehrt, uns Reben gepflanzt an Rheines Strand!
Da zuckt die Hand dem Schüler, Herr Sittig aber spricht:[3]
»Es sei die Hand des Menschen wie Vogelsang und Sonnen-
licht!«

Drauf legt' die Händ' er segnend auf's Haupt dem Knaben hold,
Als ob er gleich sie üben in frommem Werke wollt',
Des Knaben Hände faßt er dann liebevoll in seine:
»Daß deine Hand nur gleiche dem Vogelsang, dem Sonnen-
scheine!«

Dies Wort, es sank dem Schüler zu Herzen tief und leise,
Wie in den See ein Steinlein, lang beben nach die Kreise;
Und fromm und scheu anblickt er, wie fremd, die eigne Hand,
Als sei's ein andres Wesen, ein Pflegekind, ein heilig Pfand.

Der Knabe, wie entschlossen, auffährt von seinem Sitze:
»Sei meiner Hand Gewaffen du, friedliche Federspitze!«
Das Haupt der Lehrer schüttelt, steht auf, antwortet nichts,
Und führt hinab zum Schloßhof ihn schweigend, ernsten Ange-
sichts.

An Simsen, Portalen, Wänden sind unterwegs zu schaun
Viel Rabenbilder, in Farben, in Stein und Metall gehaun,
Im Käfig von goldnem Drahte zuletzt, auf seinem Stabe
Sich wiegend mit Behagen, kohlschwarz und feist ein lebendger
Rabe.

»Im Zuge unsrer Aebte Abt Thilo ist die Zeder,[4]
Doch dieser Rab' ein schnöder Schreibfehler seiner Feder,

---

[3] Dr. Valent. Sittig, geb. 1630 in Schleusingen, seit 1668 Hofprediger und seit 1671 zugleich Superintendent zu Merseburg, gest. 1705. – Siehe J. G. Otto, die Schloß- und Domkirche zu Merseburg.

[4] Thilo von Trotta, 1466 zum Bischof von Merseburg erwählt, gest. 1514, einer der ausgezeichnetsten Prälaten seiner Zeit, besonders verdient um die Verschönerung des Doms und der Stadt Merseburg. Davon zeugt noch immer sein an vielen Gebäuden befindliches Wappen, ein Rabe mit dem Ringe im Schnabel. Diesen seinen Wappenvogel scheint er sehr geliebt zu haben; noch jetzt wird, zu seinem immerwährenden Andenken, ein lebendiger Rabe im äußeren Schloßhofe zu Merseburg in einem stattlichen Käfig bei ansehnlicher Pension erhalten. S. Otto, a. o. O. – So knüpfte sich im Munde des Volkes leicht an Thilo's Person die oft vorkommende Sage vom Diebstahl des Raben und der Enthauptung des

Ein Dintenkleks, ein schwarzer, der lebt und krächzt im Lichte;
Mit seiner Rabenfeder in's Herz dir zeichne die Geschichte!

»Ihm ward ein Ring gestohlen. Er ahnt und spürt Verrath,
Er greift nach seiner Feder und schreibt – o schlimme That! –
Dem Kämmerling das Urtheil. Als schon der Arme hing,
Fand sich – dir sang's die Amme – in eines Raben Mund der
Ring!

»Die Blutschuld ging zu Herzen tief dem gerechten Manne.
Daß er vor's Aug' in Reue ihr Angedenken banne,
Ließ er den Raben bilden in Farb', in Erz, in Stein,
Und schloß in goldnem Bauer den schwarzen Uebelthäter ein.

»Oft bracht' er selbst zum Käfig Fleischbröcklein, Körnersaat,
Mit eigner Hand ihn speisend, – o noch viel schlimmre That!
So wird dem Bösewichte noch Lohn für seine Sünde,
So wird dem alten Diebe für's Leben eine fette Pfründe!

»Und sterbend griff zur Feder der Abt, – o schlimmste That!
Sein Testament, den Raben empfiehlt's dem Domsenat,
Stellt Brotbrief, Hulddiplome ihm aus mit Ehrenrechten!
Der Dieb mit seinen Kindern verzehrt die Brote der Gerechten.

»Ihm, Erben, Erbeserben bis an der Zeiten Ende
Zwölf Scheffel Korns alljährlich, zwölf Thaler Golds zur Spende
Wird solch ein Pfründner begraben, ja kein Intercalare!
Daß treu dem Enkelraben der Wärter seinen Freiplatz wahre.

»In's Haus dem Wärter fliegen die schwarzen Candidaten,
Am Kirchenthor der Bettler beneidet den Prälaten;
So wuchert fort die Sippe von Sündern, Gesetzverächtern,
So blüht der Ahnen Unthat in Gold und Ehren den Enkelge-
schlechtern!

»So hat des Weisen Feder, nun er fein nachgesonnen,
Wie Uebereiltes er sühne, noch Schlimmres angesponnen.
Das ist der Rabe Thilo's, der unsrer Aebte Zeder. –
Du aber, wenn's dich lustet, erküre deiner Hand die Feder!«

---

unschuldigen Kämmerlings. Die Geschichte, die für die äußere Wahrheit bürge,
unterstützt hier nicht die Erzählung der Sage, die ihrerseits nur die innere
Wahrheit zu vertreten hat.

Herr Sittig sprach's. Der Knabe empor aus Träumen fährt:
»So schmücke meine Hände in Ehren einst ein Schwert!«
Das Haupt der Lehrer schüttelt, kehrt um, antwortet nichts
Und führt zum hohen Münster ihn schweigend, ernsten Ange-
sichts.

Es ragt der Dom vor ihnen mit vier gewaltgen Thürmen,
Wie eine heilge Veste, die vier Basteien schirmen,
Kanonen ihre Glocken, ihr Kreuz Panier der Schlacht,
Das Kaiserbild des Stifters hält an der Pforte strenge Wacht.

Sie schreiten durch die Hallen des Doms zur Sakristei,
An Gegenkaiser Rudolf's metallnem Mal vorbei;
Dort aus geschnitztem Schranke nimmt er ein Schwert von
Gewichte,
Ein Leuchten wirft das blanke, als ob's frohlocke wieder im
Lichte.

Herr Sittig spricht:»O Knabe, das gute Schwert hier sieh,
Ein Riese nur mag's schwingen, ein beßres gab es nie!
Als sei's der Todesengel, hat's einst geflammt im Felde;
Dieß Schwert, es war zu eigen Rudolf dem tapfern Schwaben-
helde.«

5

---

5 Rudolph von Schwaben, eigentlich von Rheinfelden, während Heinrich IV. zu
Canossa Buße that, von den Reichsständen zum Gegenkaiser erwählt, vom
Pabste unterstützt und mit einer goldenen Krone beschenkt, welche die Inschrift
trug: Petra dedit Petro, Petrus diadema Rudolpho. In mehreren Gefechten sieg-
reich, verlor er in der Schlacht bei Hohen-Mölsen an der Elster, October 1080, die
rechte Hand durch Gottfried von Bouillon oder nach Andern durch Friedrich
von Stauffen, wurde nach Merseburg gebracht und starb daselbst an seinen
Wunden. Sein Grabmal im dortigen Dome, eine eherne gegossene Platte mit
seinem Bilde in ganzer Figur, enthält die Umschrift:
Rex hoc Rudolphus, patrum pro lege peremtus
    Plorandus merito, conditur in tumulo.
Rex illi similis, si regnet tempore pacis,
    Consilio, gladio non fuit a Carolo.
Qua vicere sui, ruit sacra victima belli,
    Mors sibi vita fuit, ecclesiae cecidit.

Dann ein vergüldet Kästlein hebt er vom Schrank der Wand,
Drin, rumpfgetrennt, vertrocknet, liegt eine Menschenhand,
Es ruht die Kaiserkrone am Deckel goldgetrieben,
In Rundschrift: »Petra Petro, Petrus Rodolpho!« drauf geschrieben.

»Die jenes Schwert einst führte, sieh, Knabe, hier die Hand,
Die Mumie des Sieges, die Eidespflicht noch band!
Daß nie gen seinen Kaiser er sie erhoben hätte,
Vom Pabst, dem Kronhausirer, erstanden nie Goldreif und –
Kette!

»Ob selbst sich in Canossa der Kaiser thronentsetzte,
Den Purpur, daß er büßend drauf kniee, selbst zerfetzte;
Es glänzt ein Stern, ein Lichtmal an jeder Fürstenstirne,
Ein Gottesmal! – Verwischen darf nicht die Staubhand Lichtgestirne.

»Es war der Tag bei Mölsen ein doppelt Blutgericht,
Herr Rudolf glänzt im Siege, des Kaisers Heer zerbricht;
Nur Einer sprengt an den Sieger, der wehrlos starrt, wie gebannt,
Als sei im Gottessolde Scharfrichter der, so vor ihm stand.

»Der haut ihm die Hand, die sündge, vom Rumpf mit einem
Streiche!
O statt des Kaiserzuges nun Armensünderleiche!
Der Gottesheld war's Bouillon, dieß seine erste Sendung,
Die einst in Zions Mauern gediehn zur herrlichen Vollendung!

»Da flohn, die erst so freudig gefolgt dem hellen Stern,

• Der Merseburger Bischof Wernher, ein frommer, aber kriegerischer Mann, war unter Rudolphs Anhängern und in der Schlacht an seiner Seite, als Jener die tödtliche Wunde erhielt. Wernher, von den Kaiserlichen gefangen, sollte gehängt werden, doch rettete ihn Heinrich selbst. S. Vulpius und Otto a. o. O. Der letzte Merseburger Bischof unmittelbar vor dem Uebergang der Stiftsregierung an das Churhaus Sachsen, der berüchtigte Michael Heldung (Helding) auch Sidonius (von einer angeblichen Heidenbekehrungsreise nach Sidon so genannt), gest. 1561 zu Wien, von dem die chronique scandaleuse seiner Zeit viel zu erzählen weiß, störte auch die Gebeine Rudolphs in ihrer Ruhe, um in der kaiserlichen Gruft seinen Weinkeller anzulegen. Ebendas.

Von Merseburg der Bischof Wernher mit Fürsten und Herrn;
Die Sehnsucht nach dem Himmel rief aufwärts, aufwärts! den
Frommen,
Da hätt' er bei einem Härlein das luft'ge Galgenbrett erklom-
men!

»Auf Rudolfs Todtenmale kannst du's in Erz noch lesen,
Daß er der heilgen Kirche ein frommer Streiter gewesen!
In seiner Gruft zecht dankbar die Kirche den Leichenwein,
Zum Keller macht sie der Pfaffe und schmeißt hinaus das Kais-
ergebein.

»Längst modert's auf dem Anger, und von der Fürstenleiche
Ist nur die Hand geblieben, ein Ast der Königseiche;
Sieh, warnend streckt entgegen sie dir den drohnden Finger! –
Zieh hin auf deinen Wegen und werde nun dem Schwert ein
Jünger.«

Da füllt dem Fürstenknaben das Herz der Menschheit Heil:
»So rag' in meinen Händen hoch der Gesittung Beil,
Das Wald und Wüsten lichte!« Herr Sittig antwortet nichts
Und führt hinaus in's Freie ihn schweigend, ernsten Angesichts.

Vor ihnen auf der Höhe blinkt Sanct Romans Kapelle,
Vom Thurm das Glöcklein wimmert hin durch die Abendhelle.
Herr Sittig spricht:»Sieh ragen den Bau von weißen Steinen!
Und dünkt dir nicht sein Läuten ein tiefes, langverhaltnes Wei-
nen?

»Dort grünte Swatibor einst, der Hain von heilgen Eichen,
Wie Gott sie urgeschaffen, noch keusch von Beilesstreichen,
Es schien, verwandelt, das alte Geschlecht gewaltger Recken
Im grünen Jägermantel, im Rindenharnisch sich zu strecken.

»Herr Wigbert, der die Heiden bekehrt mit frommem Munde,[6]
Wollt' einst ein Kirchlein bauen, doch fehlt es ihm an Grunde;

---

[6] Wigbert, vormals Kaplan des frommen Kaisers Heinrich II., der dritte Bischof
von Merseburg (1007–1012), ein eifriger Heidenbekehrer, ließ den heiligen Hain
Zutiburi (nach slavischer Etymologie richtiger: Svetibor, Swatibor), den noch nie
eine Axt berührt hatte, niederhauen, um daselbst dem h. Romanus eine Kirche
zu bauen. Otto, a. a. O.

Der will den Acker nimmer, und der nicht geben die Wiesen.
Da trat der fromme Bischof zuletzt vor jenes Haines Riesen.
»Hier stör' ich keine Rechte! – O hätt' er wahr gesprochen!
Hier drück' ich keinen Armen! – Noch Schlimmres ward verbrochen.
Beim ersten Schlag des Beiles, o hätt' er da gelauscht,
Wie durch den Wald ein Klagen verhallt und ängstlich Trippeln
rauscht!

»Es war der Wald voll Leben, ein dichtbevölkert Reich!
Elfkönig herrschte milde vom Thron der Moose weich,
Gesattelt stand sein Schröter zum Alexanderszuge;
Elfkönigin dreht beim Reigen mit ihren Damen sich im Fluge.

»Das ist ein lustig Treiben, das ist ein bunt Geschäfte!
Der preßt, ein Kräuterkundger, aus Blumen süße Säfte,
Gefüllt in zwei Goldeimer muß Bienlein fort sie tragen,
Wie Müllerthier die Säcke; halloh, nun heißes die Luft durchjagen!

»Ein Architekt ist Jener, er lehrt dort an der Welle
Den Biber baun und brauchen den Schwanz als Maurerkelle;
Ein Musikus ist Dieser, der Sprosser unterrichtet
Auf einem Rosenblatte, wie sich's vom Blatt weg singt und
dichtet.

»Der ist ein feiner Maler, malt einem Schmetterlinge
Mit Regenbogenfarben die ausgespannte Schwinge;
Dort aus Libellenflügeln näht fein ein Schneiderlein
Ein Tanzgewand von Gaze zum nächsten Ball im Mondenschein.

»Ein Waffenschmied ist Jener, Goldkäfers Flügeldecken
Weiß er zu Schild und Harnisch zu hämmern und zu strecken;
Dort sitzt auf einem Aste einsam ein Philosoph,
Studiert im Lindenblatte Urweltgeheimniß, Wesenstoff.

»Hier ist ein kunstreich Weibchen, das lehrt die Spinne stricken,
Und dort die Küchenmeistrin topfgucken kluge Mücken;
Da bleicht ein rührig Mägdlein ihr Linnenzeug am Teiche,
Schneeglöckchen, Liljenblätter, o musterhafte, weiße Bleiche!

»Bei Nacht im Hinterhalte viel reisiges Geschwader,
Beritten auf Leuchtwürmlein! Ei, hier auch Kriegeshader?
Im Sturm soll Rosenknospe, die Veste, geöffnet sein,
Um, den sie hält verschlossen, Duft, den Gefangnen, zu befrein!

»Das Alles bebt zusammen des Beiles erstem Schlage!
Im ganzen Elfenreiche ist Trauern, Bangen, Klage.
Horch, nun vom Thurm frohlocken Herrn Wigberts fromme
Glocken,
Da, purzelnd durcheinander, zerstäubt das ganze Reich er-
schrocken!

»Nicht ahnt beim frommen Werke Herr Wigbert, daß er quäle
In kleinen Elfenseelchen die große Gottesseele,
Daß die Natur auch weine, daß Wunden sei'n, die nicht bluten,
Und durch den Weltenäther viel ungeahnte Klagen fluten.

»Nur feinre Sinne belauschen den Odem der Natur,
Sie hören aus jenen Glocken ein tiefes Weinen nur! –
Geh hin, und bist du sicher, es blinke nur dem Heil,
In deinen Händen schwinge empor hoch der Gesittung Beil!« –

Des Lehrers Wort dem Knaben in's Herz sinkt tief und leise,
Wie in den See ein Steinlein, lang beben nach die Kreise;
Und fromm und scheu anblickt er, wie fremd, die eigne Hand,
Als sei's ein andres Wesen, ein Pflegekind, ein heilig Pfand.

Wenn er zum Spiel Raketen, Vesuvlein losgebrannt,
Der Lehrer mahnt: Nie werde Brandfackel Menschenhand!
Wenn dem erhaschten Falter er tändelnd die Schwinge bricht,
Der Lehrer zürnt: Nie werde die Menschenhand zum Hochge-
richt!

Die rothe Kindergeige zur Hand der Knabe nimmt,
Er streicht sie, daß unterm Bogen sie ächzt und kreischt ver-
stimmt;
Herr Sittig duldet's schweigend, er sagt nicht ja, nicht nein,
Ihm dünkt's das erste Zwitschern von einem Vogelsang zu sein.

Intermezzo als Arabeske.

Es ist der Knabe Moritz ein Mann im Fürstenorden,
Rothgeiglein Violine in seiner Hand geworden,
Und Cello dann, das Herzen wie Menschenstimm' erweicht,
Baßgeige zuletzt, die tapfer der Herzog bis an sein Ende
streicht.

Doch Spiel nun und Concerte verlaß, o Fürst, ein Weilchen,
Dir duften doppelt würzig Narzissen, Glöcklein, Veilchen,
Nun sie getraut dir haben ein schön, ein fürstlich Gemahl;
Dir zaubre Honigmonde Schloß Dobriluk im Blüthenthal!

Des Turteltaubers Girren ist ja doch auch Musik
Und Kuß ein süßes Schallen und Harmonie ein Blick
Und in Damastgardinen, in Busch und Laubenwand
In düstren Baumverließen wohnt Wohlklang, den du nie
geahnt.

Hoch fliegt ihr, Sonnenlerchen, – sein Herz nochmal so
hoch!
Ihr flüstert süß, Boskette, – er flüstert süßer noch!
Du lächelst froh, o Vollmond, – sein Blick noch froher, vol-
ler!
Das Flügelroß der Zeiten geht durch indeß, gleichwie im
Koller.

Allein, allein, Herr Moritz, Eins fehlt doch, will mir ahnen,
Dich zupft am Rock bisweilen ein Rückerinnern, Mahnen;
Füllt denn die Lebensschale nicht Liebe zu Genügen?
In Einsamkeit was sinnst du, was bei der Feste rauschenden
Zügen? – –

Sie wandeln durch den Garten. Baumwipfel überwallend
Wogt dort im Doppelschafte der Springquell, steigend, fal-
lend;
Ihm dünkt's ein Geigenbogen, gespenstisch, ungemessen,
Er schwankt, als droht' er fragend: Und hast du mein denn
ganz vergessen?

Zwei weiße Schwäne steuern stumm im Bassin vor ihnen,

Ihm sind's, gebaut von Silber, zwei schwimmende Violinen;
Dort um's Parterre die Wände gestutzter Baumalleeen,
Ihm sind's nur Notenpulte, die des Orchesters harrend stehen.

Im Cirkus die straffen Seile, draus springende Gaukler fliegen,
Ihm sind's gespannte Saiten, drauf tanzend die Töne sich
wiegen;
Im Hoftheater der Mime, den Dolche niederzwingen,
O tragisch Ende, im Solo ist's einer Saite kläglich Springen!

Ein Feuerwerk gibt's Abends; Leuchtkugeln, Raketenflug!
Hell im Brillantenfeuer des Paares Namenszug!
Das zischt und sprüht und prasselt! – O sieh gen Himmel
fahren
In Flammen die Kreise, die Haken, geschwänzter, gestrichner Notenschaaren!

Ei sieh, ei sieh, Herr Moritz, das ist das schlimmste Zeichen:
Mit ihren Locken spielend, welch keck, gewagt Vergleichen!
Ach, diese blonden Ringlein, so kraus zur Schulter fallend,
Ein schlängelndes Saitengeringel, des Cello's Nacken blond
umwallend!

Ausfüllt die Lebensschale nicht Liebe zur Genüge!
Ist Liebe fern, zu ihr führen all Steg' und Straßenzüge:
Ist Liebe nah, manch Pfadlein wird doch hinweg sich finden,
Doch bangt nur nicht, bald wieder wird sich's zurück holdselig winden.

Wie der Merseburger Hofpoet gesungen haben würde.

Baß ist der Regens Chori, der Donner in Geigenwettern,
Der Eichstamm, den die andern Tonblumen schmiegsam umklettern,
Der Riesenleib, den die Rüstung memnonschen Metalls umklingt,
Neptunus, der der Tonflut Rebellen mit dem quos ego! zwingt.

Und herrscht der Baß als Kaiser, der streng zu Recht erkennt,
Darf stolz Baßgeige heißen ein fürstlich Instrument;
Drum strich sie Herzog Moritz, strich sie in Freud', in Sorgen,
Strich sie im Schloß und Garten, strich sie am Abend und am
Morgen,

Daheim zu eigner Freude, im Dom zu Gottes Ehre,
Strich sie bei langer Predigt, als ob's ein Schnarchen wäre,
Strich sie so stark und freudig, daß schwellend sich vom Schloß
Wie Landessegen über ganz Merseburg der Klang ergoß!

Und Segen ist im Lande, der Fürst so fromm vergnüglich,
Fürtrefflich sein Minister: geigt überaus vorzüglich.
Im Takt ist's gut arbeiten! ruft Gerber froh und Bräuer,
Statt Silbers bringt der Bauer ein Klümpchen Geigenharz als
Steuer.

Sonst wintert's in deutschen Landen, Zugvögel westwärts fluten,
Ihr Schwaben, scheu entsprungen dem Käfig und den Ruthen,
Salzburger, Wandervögel, aus Alpenschlüften ziehend,
Ein leuchtend Kreuz im Gefieder, den Landesvater Raben fliehend!

Chursachsen, deren Schwingen zum Meeresflug zu schwach,
Die nebst Hufeisen, Thalern der starke August brach,
Fleugt her in unser Ländchen, pickt keck und frei die Brocken!
Und hört ihr nicht die Klänge, des Finklers Weisen, lieblich locken?

Statt Kämmerlings beim Herzog ein Fiedelstrich dich künde,
Ein Stradivari verfechte Bittschriften, statt der Gründe;
Uns Dichtern welch ein Leben! Censur ist todverblichen:
Im Merseburgeramte wird gar nichts, als der Baß, gestrichen.

Des Herzogs Favorite, dem Seckel nicht zu theuer,
Nur Colophonium naschend, ein reizend Ungeheuer!
Hochbusig, schwanenhalsig, gewölbt der Hüften Masse,
Französin nach der Stimme, denn redend nur im rauhen Basse.

So vieler Reize Umfang hat Raum nicht in der Karosse.
Sie fährt im Erntewagen, davor vier stolze Rosse;
Seht, wie sich Favorite und Gattin gut verstunden,
Die Herzogin hat selber mit Blumen ihr das Haupt umwunden.

Denn Liebe soll, wie Gottheit, bar aller Selbstsucht sein;
Nicht sei gebannt die Andacht an Gottes Dom allein!
Wohlauf zu Bergen und Thalen! ihr müßt doch seiner denken,
Frisch in den Wald! es könnte die Nachtigallen sonst noch kränken.

Ein Priesterthum ein mildes übt auch die Liebe so,
Die Lippe, die sie küßte, werd' auch des Liedes froh,
Der Arm, der sie umschlungen, darf auch den Pokal kredenzen;
Sie wird, was du liebst, lieben und Harfe dir und Becher kränzen.

Und als ein rosig Kindlein die Herzogin geboren,[7]
Der Herzog prüft nicht lange die Aeuglein, Nase, Ohren;
Daß ganz es seinem Vater als ächtes Kind sich zeige,
Als Anrecht aus dem Jenseits mitbracht' es eine kleine Geige.

Und ist des Kindes Antlitz, drin sich der Vater erkennt,
Ein makelrein und lesbar geschriebnes Document,
So ist das Kindergeiglein, von Mütterchen geschenkt,
Des Fürstenwappens Kapsel, die an dem Pergamente hängt.

[7] Die Gemalin des Herzogs Moritz Wilhelm war Henriette Charlotte, geborne Prinzessin von Nassau-Idstein, nach Büsching eine Dame von fürstlicher Miene, schweigend, ernst. Pöllnitz sagt von ihr: On ne pourrait être plus aimable. C'est un air de douceur, de bonté et de sagesse, repandu dans toute sa physionomie. Son esprit est de la même nature que sa beauté; aimable sans parade et sans ostentation. Als sie ein Mädchen geboren, mußte sich dieses dem wunderlichen Vater durch eine mitgebrachte Baßgeige legitimiren. Die Herzogin starb 1731 wenige Wochen nach ihrem Gemahl und wurde ebenfalls in der herzoglichen Gruft zu Merseburg beigesetzt.

Der Herzog bestellt sein Zeughaus und wirbt sein Heer.

Und kam die erste Schwalbe, bald kommen nach die andern,
So eine Geigenwallfahrt sah man zum Schlosse wandern,
Da zogen hin sanglustig die Cremoneserinen,
Bassette, Bratsche, Gambe, mit Violon und Violinen.

Viola auch d'amore, ach, ein entthronter Namen!
Dann ihr Gefolg einst holder, jetzt längstvergessner Damen,
In Blousen und pappnen Panzern, geschleppt, geschleift, getragen,
Die ein' im Schiebekarren, die andre in Ministers Wagen

Anflogen da die gelben Sangvögel aus Tyrol;
Schalk Stainer hat verschlossen in ihres Busens Hohl
Zugleich die Häherzunge, die Nachtigallenkehle,
Daß jene den Lehrling quäle, der Meister diese neu beseele.

Wie einst um sich versammelt der Welserin Gemahl
Der Ahnen Rüstung, Waffen, zu Ambras in dem Saal;
– Man hält noch werth Festbecher, drin edler Wein einst kochte:
O daß zur Fürstenzwiesprach ein Herz noch in den Panzern
pochte! –

So eint hier köstlich Rüstzeug der Fürst zum Arsenale,
Manch Werk Zeugschmieds Amati, Küriss' aus Fichtenschale,
Vom Patagonen Basso, vom Lapplandzwerg Sopran;
Doch Sprache, Leben allen gibt eines Zauberstäbchens Bann!

Die langen vollen Reihen besieht der Herzog heiter:
»Ein Marstall edler Hengste, doch fehlen noch die Reiter!«
Horch, durch die Gassen hallend Gesänge, Tritte wogen!
Mit Kränzen kommt und Bändern vom Land Rekrutenvolk
gezogen.

»Weit hinter'm Berg ja wohnen die Türken und Corsaren!
Hält Prinz Eugenius Wache, was ist uns zu befahren?
Kommt Hagelschlag und Dürre, ihr könnt's vom Land nicht
wenden!«
Der Herzog spricht's am Fenster und nickt und winkt mit beiden Händen.

Da kamen schlanke Bursche, die Freier der Muskete,
Der Fürst schnell Geig' und Bogen in ihre Hände drehte:
»Da schultre mir, mein Junge, das Flintlein ring und rund!
Das trägt in weite Ferne und drückt dir nicht die Achsel wund!«

Mit Geigenharz die Kiste gibt er den Grenadieren
Und reicht die stattlichen Bratschen den stämmgen Kanonieren:
»Nicht werden diese Granaten die Hand euch, platzend, sengen,
Das Brummen dieser Karthaunen wird nicht das Ohrenfell euch sprengen.«

Vorführt er dann das Cello dem Reitervolk mit Sporen:
»Das wär' ein feines Rößlein, ein Vollblut auserkoren!
Das braucht nicht Streu und Hafer; nur aufgesessen munter!
Es beißt nicht und es schlägt nicht und wirft den Reiter nicht herunter.«

Nun ist das Heer gesammelt! Commandoworte schallen!
Die Rößlein scharren und wiehern, im Takt Fußvölker wallen,
Kanonen rasseln und brummen; doch durch das Kampfgewimmel
Ragt hoch der Baß des Herzogs, im Pulverdampf des Feldherrn Schimmel!

Es klirren von den Salven die Merseburger Scheiben,
Wie fernes Donnerrollen durch's Land die Klänge treiben.
Doch nun die Schlacht geschlagen, der Held belobt die Seinen,
Und freut sich still des Sieges, denn siehe – keine Mütter weinen. – –

Es ist kein Glück vollkommen; wer hat, der hätte noch gerne.
Der Herzog, fast beklommen, erfleht von seinem Sterne:
»O könnt' ich mein noch nennen den Zwerg, den also kleinen,
Daß er die Violine als Contrabaß strich' zwischen den Beinen!

»Und hätt' ich einen Riesen, den Anblick, Götter zu laben,
Der Contrabaß als kleine Armgeige kann handhaben!
So würde Laune, Mißklang, die in die Form der Wesen
Natur im Unmuth legte, versöhnt durch Wesen auserlesen.

»Das Zwerglein mit dem Basse ein Größeres mir deute!

Klein Roland ist's, nachschleppend das Riesenschwert als Beute;
Die Hirtin, die begeistert den Stab des Marschalls schwingt.
Groß wird der Kleine, Schwache, der kühn des Starken That
vollbringt.

»Der Riese mit dem Geiglein ein andres Bild mir zeigt:
Auf's Knie der große Bearner als Kinderpferd sich neigt;
Des Bauers Pflug ein Kaiser mit weißen Händen lenkt.
Die Größe wird nicht schrecken, die sich zum Werk des Kleinen
senkt.

»Die Beiden sind zwei Wellen, *die* senkend sich, *die* hebend,
Doch beide zurück zum Einklang der Spiegelfläche strebend.
O hätt' ich beide diese, daß mir kein Wunsch mehr bleibe,
Und mir mein Glücksstern wiese die ganze, helle Vollmond-
scheibe!«

Der Herzog meint die Harmonie zu finden.

Ein Tag ist's voll Verhängniß, Sonnaufgang rothent-
brannt,
Der Weichselzopf in Polen, die Pest im Turkenland,
In allerlei Gestalten zerweht die Wolkenränder,
Kometen, nicht am Himmel, berechnet doch im Hofka-
lender.

Der Herzog mit dem Kanzler durch Wies' und Feld
lustwallte,
Horch, aus dem hohen Grase ein Schrei, ein Wimmern
schallte:
»O weh, in Urwaldsdickicht hab' ich mich ganz verloren!
Ach, Stamm an Stamm ohn' Ende! Weh mir zum Bären-
fraß erkoren!

»Daß ich sie nie gesehen, daß nie geliebt ich hätte!
O daß ich nie verlassen der Jugend sichre Stätte!«
Aufhorcht gespannt der Herzog, der Kanzler spricht:
»Ich mein'
Es wird nach Tagesmode ein malkontenter Laubfrosch
sein!«

Der Herzog sucht im Grase; da sitzt auf einem Stein
Ein Männlein bärtig, runzlig, doch wie ein Kind so klein,
Nach Zollen nur zu messen, das weint gar bitterlich;
Aufhebt den Zwerg der Herzog:»Wer bist du und von
wannen? sprich!«

»Ich war an Peters Hofe, des Zaaren, wohlgelitten,[8]
Es stand mein festes Schlößlein auf seiner Tafel mitten;
Sie nannten es Pastete. Wie jubelten sie Alle,
Als ich, Goldfahnen schwingend, in ganzer Rüstung
sprang vom Walle!

---

[8] Peter der Große und König Friedrich Wilhelm I. waren Zeitgenossen des Her-
zogs Moritz Wilhelm. Die von Ersterem 1710 zu Petersburg veranstaltete Zwer-
genhochzeit ist nicht minder bekannt, als des Letzteren Vorliebe für seine Pots-
damer Riesengarde.

»Einst mir genüber glommen die Augen einer Dame,
Nicht Augen! Lichtgestirne, Gluthsonnen sei ihr Name!
Verzückt stand ich, gezogen zu ihr von jeder Fiber,
Doch, ach, ein See lag zwischen, See Suppenteller! Wie
hinüber?

»Das sehend sprach Zaar Peter: Bist du so liebes-
schmächtig,
Will dir ein Bräutlein geben, ein Fest dir halten prächtig!
Da wies ein klein Zwergdirnlein er mir, dem schönsten
Manne!
Die niedre Krüppelbirke anstatt der höchsten, schlanks-
ten Tanne!

»Nur Zwerge die Hochzeitgäste, großköpfige, höckrige
Kerle!
Und Zwerge die Musikanten, breitmäulige, dürre
Schmerle!
Truchseß und Festmarschälle Zwergkrabben ungestalte!
Nur häßlich Zwerggesindel, damit der Schönste Hoch-
zeit halte!

»Nun liebt, tanzt, musiziret nach dem Commandostabe!
Doch ich, die freie Seele, ich lief davon im Trabe;
Hui, dem Kosakenpferde flink an den Schweif mich
hängt' ich,
Wie der Komet durch die Räume, durch Feld und Step-
pen sausend sprengt' ich!

»So wandr' ich fort, ein Opfer der Lieb' und Tyrannei,
So kam ich her todmüde und steh zu Dienst euch frei.«
Der Kanzler steckt mitleidig den Kleinen in den Sack,
Der Herzog Moritz Wilhelm vor Freudenunmaß fast
erschrack.

»O Seligkeit, nun hab' ich den Zwerg, den also kleinen,
Der leicht die Violine als Baß streicht zwischen den Bei-
nen!«
Er spricht es, wie von einer Lichtglorie umfangen;
Es war von seinem Glücksmond das erste Viertel einge-
gangen.

Sie wandern fröhlich weiter. Der Herzog plötzlich
spricht:
»Mich dünkt, am Gotthartsteiche den Thurm dort sah
ich noch nicht!«
»»Es thut mir, Sereniss'me, zu widersprechen leid,
Kein Thurm ist's, nur Windmühle! die Flügel rührt's ja
beiderseit!«»

»Sei's Windmühl oder Kirchthurm, Entsetzen ist's zu
sehn!
Denn seht, es regt sich, schreitet, auf uns scheint's los zu
gehn!«
Und immer näher wallt es, hat Arme, Beine, Kopf,
Und steht vor ihnen endlich, ein Goliath mit steifem
Zopf.

Nach Ellen ist's zu messen vom Scheitel bis zur Ferse,
Langbeinig, wie hier im Liede die Nibelungenverse;
Sein Athem dröhnt, als blähten der Orgel Bälge sich.
Der Herzog ruft fast zitternd:»Wer bist du und von
wannen? sprich!«

»Oh! Kennt ihr nicht den Jonas vom Regiment der Lan-
gen?
Ich komm' auf Meilenstiefeln von Potsdam hergegangen,
Vom König, der den Riesen in Lieb' und Huld geneigt,
Nur nicht dem einen jungen, dem Riesen, den er selbst
gezeugt.«

»Wie Finkler im Gehege, wie auf der Beize Sperber,
So locken Diplomaten, so packen uns die Werber:
Wie Schlingen junge Füllen, so fangen uns Verträge,
Daß nur der Tritt von Riesen den Staub am Haveldamm
errege!

»Wozu dieß Trommeln, Blitzen, dieß Rasseln, Wallen,
Dröhnen?
Will er August entsetzen und Stanislaus dann krönen?
Nein, er zerbrach das Zepter dem Weichling Staatsperü-
cke
Und hob zu Thron und Ehren den Helden Steifzopf im

Genicke!

»Schön war's zu sehn im Marsche die blauen Reihn der
Riesen,
Als kämen die blauen Berge herabgewallt die Wiesen;
Schön war's, wie festgemauert die Fronte goldner Müt-
zen,
Als ragte eine Zeile Leuchtthürme mit den feurigen Spit-
zen.

»Der Glanz hat seine Schatten. Seltsam hat sich's bege-
ben,
Der König kam uns mustern, als ich im Schenkhaus
eben;
Zufall, daß ich bisweilen kein musikalisch Ohr,
Und mich der Trommel Wecker umsonst vom Schlafe
rief empor.

»Heißt's Unstern nicht, daß grade des Königs Blick sich
wählte
Zur Rast das einzge Knopfloch, an dem der Knopf mir
fehlte?
Da hat es sich getroffen, – o schwärzester Schicksals-
bock! –
Daß eben mich getroffen von Rohr der königliche Stock.

»Der stand nicht im Kontrakte! Da macht' ich mich von
dannen,
Und steh euch hier zu Dienste, ein Opfer des Tyrannen.«
Den Stift schon nimmt der Kanzler, den Steckbrief auf-
zusetzen,
Der Herzog Moritz Wilhelm doch ruft in freudigem
Entsetzen:

»Nun hab ich auch den Riesen, – o Anblick, Götter zu
laben! –
Der Contrabaß als kleine Armgeige kann handhaben!«
Ohnmächtig all der Wonne, sinkt er mit bleichen Wan-
gen,
Es war von seinem Glücksmond das letzte Viertel einge-
gangen.

Der Riese lädt auf den Rücken den Herzog huckepack,
Der Kanzler wallt daneben, das Zwerglein in dem Sack,
Wie Baß und Violaträger zur Stadt heimwandeln sie,
Selbst tragend und getragen, ein schönes Bild der Harmonie.

Der berühmte Chevalier von Pöllnitz am Merseburger Hofe.[9]

Das Bienlein ist gar fleißig, noch fleißiger der Tourist,
Nebst Honig sammelnd Manches, was gar nicht Honig ist;
Das Immlein jede Blume durchforscht, die lenzig blüht,
Und Jener jed' Gehirne, das denkt, und jedes Herz, das
glüht.

»Ich war an allen Höfen!« Mit Recht es rühmen darf
Der Chevalier von Pöllnitz, da man aus allen ihn warf;
Er hat auch die Geschichte vom Zwerg in schnellster Frist
Erhascht wie den seltnen Falter und an den Reisehut ge-
spießt.

Gen Mersburg wallend denkt er: Ich will mich präsentiren
Als Peters Abgesandter, das Zwerglein reclamiren;
Mersburg wird mich tractiren und Rußland decoriren,
Im Obdach unterm Eichbaum darf ich der Eicheln Fall riski-
ren

Der Herzog hat's vernommen, er weiß sich kaum zu fassen:
»Mein Zwerglein, kaum gewonnen, ich soll dich wieder
lassen!«
Der Kleine spricht: »Verbergt mich in des Thronhimmels
Falten,
Ein russisch Lied ihm singend, will ich statt Euch die Red'
ihm halten.«

Der Fremde tritt zum Throne: »Ein Flüchtling fand hier
Gelaß,
Heim sendet ihn, zu wenden von Euch des Zaren Haß!«
Doch von dem Thron hernieder zu ihm die Antwort klingt:
»Vernimm als unsern Ausspruch ein Lied, das deine Hei-
math singt:

Held Dieterich von Bern saß auf Ravenna's Throne,[10]

---

[9] Daß die Rolle, die das Gedicht dem Chevalier von Pöllnitz zuwies, dessen historischem Character nicht widerspreche, wird Jeder zugeben, der sein Leben aus dem ihm von Friedrich II. ausgefertigten Abschiedsdiplome kennt.

Da traten in den Saal Gesandte fremder Zone:
Sie nannten Esthen sich, ein braunes Fell ihr Kleid,
Am Hals ein beinern Bild des Ebers ihr Geschmeid;
Ihr Festschmuck Keul' und Bart, fürwahr seltsame Tracht
Hier vor des feinen Hofs Juwel und Seidenpracht!

Sie brachten als Geschenk von Bernstein volle Laden
Und Linnen manch ein Stück vom allerfeinsten Faden:

»Sieh was die Flur uns zollt, sieh was die See uns landet
In unsrem Heimathland, daran das Ostmeer brandet.

»Es ist so weit von hier, daß auf der langen Reise
Aus starken Männern wir fast wurden schwache Greise.

»Doch Ruhm wallt weiter als ein Menschenalter zog,
In unsre Wäldernacht dein Ruhm wie Nordlicht flog!

»O woll' auch unser Land mit deinem Purpur decken
Uns Fürst sein, Hort und Schirm und unsrer Feinde Schrecken!

Drauf Dieterich der Fürst:»Wenn auf der langen Reise
Aus starken Männern ihr geworden fast schon Greise:

»So käm' ich, selbst ein Greis – seht meine weißen Haare, –
Als Fürst in euer Land wohl nur auf meiner Bahre.

»Blieb eures Lands Tribut ich zu empfangen hier,
Verzehrt' als Reisegeld ihn euer Bote schier.

»Bis daß er kommt zu euch, ist längst mein voller Segen
Ein loser Nebelhauch, statt frischer duft'ger Regen;

»Bis euch die Ruthe trifft, die ich im Zorn erhoben,
Ist sie ein todtes Reis, verdorrt längst und zerstoben.

»Der Liebe Leben ist umfassen und beglücken,
Des Hasses Wesen ist zu treffen und zu drücken!

»Sonst ist der Liebe Gluth ein Hof am Mond, ein blasser,

---

[10] Theodorich der Große, in Lied und Sage der Vorzeit auch Dietrich von Bern
genannt. Das vorliegende Factum berichtet Cassiodor. (Var. V. ep. 2.)

Sonst ist des Hasses Schlag ein Wetterschlag in's Wasser!

»Wählt Sonn' und Jovis Aar zu Fürsten immerhin,
Sind sie auch etwas weit, doch näher als ich bin;

»Als Segen trifft euch doch der Sonne Strahlenpfeil,
Als Fluch erreicht euch doch des Adlers Wetterkeil.«

So sprach der Fürst zu den Gesandten fremder Zone,
Doch dir auch, o mein Volk, sprach er zu Nutz und Lohne:

Und lächelt dir der Zar, nicht juble vor der Zeit!
Der Himmel ist gar hoch, der Zare wohnt gar weit.

Und zürnt der Zare dir, sei's dir kein großes Leid!
Der Himmel ist gar hoch, der Zare wohnt gar weit.«

Pöllnitz, erstaunt, betroffen, starrt auf des Herzogs Mund,
Der, nicht die Lippen regend, doch spricht so schön, so
rund!
– Ich will's Euch wohl vertrauen, doch ihm verrath' ich's
nicht:
Es ist des Herzogs Zwerglein, das aus dem Baldachine
spricht. –

Dem Tagebuch er Abends bekennt: »Ich sah noch nie
Wie hier zum Völkerglücke bei Fürsten solch Genie;
Nicht nur kunstfertger Geiger, Bauchredner ist er auch,
Der eine lange Ballade mir deklamirte durch den Bauch!« –

So pfeift jedweder Vogel im Lenz sein Urtheil los;
Zaunkönig an der Hecke sieht Alles erstaunlich groß,
Stoßfalke in den Wolken sieht Alles unendlich klein,
Die Lerche zwischen beiden mag bester Kritikus noch sein.

Etwas von dem alten Riesen Einheer.

»Zurück gebt mir den Jonas! Mord, Blitz und Donnerwet-
ter!
Sonst Krieg um ihn! Eur Liebden stets wohlgeneigter Vet-
ter.« –
Den Brief des Preußenkönigs der Herzog liest, erblaßt,
Doch kann er nimmer sich trennen von dem geliebten
Riesengast.

Weh, schon ein Preußenlager diesseit der Landesgränzen!
Wie's wimmelt dort am Hügel! Welch Rufen, Flimmern,
Glänzen!
Hört ihr's in aller Frühe dort pelotonweis knallen?
Nicht Flinten! Kleiderklopfer sind's, die auf Uniformen
fallen.

Seht rege wie Kranichzüge die Reihn, – doch nicht zu Ge-
fechten!
Den Hauptmann hält am Zopfe, ihn regelrecht zu flechten,
Der Fähndrich; den der Waibel, den der Gemeine dann,
In ungemessner Zeile, so fort und fort, der Mann den
Mann!

Staub hüllt und Rauch das Lager, Entsetzen dem Bauern-
volke!
Doch Pulver nicht, nur Kreide, Haarpuder ist die Wolke,
In die noch nicht gefahren, beseelend, zündend der Blitz,
Sie ballend zu Wetterschlägen, der Feuergeist des großen
Fritz! –

Sie spähn: kein Feind ist drüben! –Doch sieh, jetzt wird
entrollt
Die Merseburger Fahne, das schwarze Kreuz in Gold!
Ein weißes Zelt daneben. Jetzt wirbelt Trommelschlag,
Jetzt klingt der Ton der Geige, als ging's zu Kirmes und
Gelag!

Der Schütz' an der Kanone lädt scharf, visirt und ruft:
»Nun hab' ich auf dem Korne den musikalschen Schuft!
Spottvogel mit der Fiedel, dir sei der erste Gruß!

Gilt's jetzt? Nach Takt und Noten die Kugel tanze, knalle der Schuß!«

Der Hauptmann nimmt das Fernrohr, erblaßt und spricht:
»Halt ein!
Das ist der Riese Jonas, geheiligt sein Gebein.
Der König sprach: Den Jonas schont, wenn ihr klopft die Sachsen:
Bevor ihr fällt die Eiche, denkt, wie so lang sie mußte wachsen!«

Da rief ein junger Fähndrich: »Dort regt sich's im Gesträuche;
Gilt's, renn' ich Bajonnette den Feinden in die Bäuche!«
er Hauptmann schaut durch's Fernrohr: »Ich seh' allein den Langen;
Es sprach mein Herr und König: Wer dem ein Härlein krümmt, soll hangen!

»Nun will ich selbst hinüber in's Feindeslager reiten,
Daß sie aus Kriegesfährden entfernen den Geweihten.«
Er nimmt ein weißes Fähnlein und trabt zu Thal durchs Feld,
Bis wo der Riese Jonas gemächlich sitzt vor seinem Zelt.

»Ist hier die Vorpostwache? Zum Offizier mich führe,
Daß er mein Aug' verbinde, Tambour das Zeichen rühre.«
»»Ich bin Vorposten, Trommler und Offizier zugleich!««
Er legt um's Aug' ihm die Binde und schlägt die Trommel mit mächtgem Streich.

»So führe denn zum Feldherrn und führe mich zum Heere!«
»»Ich bin das Heer und habe Feldherr zu sein die Ehre.««
»Du bist wie Luft und Wolke, die Keiner hascht und greift,
Du bist wie die Sonnenscheibe, der nie ein Blei das Schwarze streift.

»Dein Fürst hat, traun, den besten Heerführer, wie ich seh,
Dem auf den Wink gehorchen die Glieder der Armee;
Drum Meuterei der Truppen droht ihm nicht, wenn er spricht:

Das Heer soll sich ergeben!« – »»Fürwahr, das Heer ergibt sich nicht!««

Der Hauptmann trabt von dannen, zähnknirschend, lachend, beides:
»Ein Heer soll ich zermalmen und darf ihm thun kein Leides!
Vernichtet' ich's, wär' ewig der Siegespreis verloren!
Und zög' ich heim als Sieger, wär' ich zum Galgen erst erkoren!«

Horch, Trommler-Pfeifersignale! Heimwärts ziehn Wanderflüge!
Heimwärts die Preußen wallen, geschlossne Kranichzüge!
Und als er sah ihr Wandern, zog auch Herr Jonas heim;
Ihn hält umarmt der Herzog, ihn preist der Hofpoet im Rein.:

»Es war ein starker Riese einst in uralten Tagen,
Der fünf, sechs Feind' am Spieße, wie fünf, sechs Hafen getragen;
Weil wie ein Heer er mächtig, ward er Einheer genannt.
Du neuest den Namen prächtig und galtst allein ein Heer dem Land.

»Dir schmiegt sich die gefeite Goldrüstung um die Lenden,
Die noch kein Hieb entweihte, kein Kugelwurf darf schänden.
Du unverletzliche Eiche im heilgen Hain der Sachsen!
Bevor sie falle dem Streiche, denkt, wie so lang sie mußte wachsen.«

Der Herzog besiegt die Hydra der Rebellion.

Dem Schlosse gegenüber am Pult der Anwalt sitzt,
Ausbleiben die Gedanken, wie er den Kiel auch spitzt.
Traun, seltsam! Wie's im Hirne ihm sonst gebärend kocht!
Der Klempner unter ihm hämmert, der Küfer neben ihm
klopft und pocht!

»Der Geigensturm vom Schlosse macht taumeln mich und
schwindeln,
Erwürgt die Geisteskinder mir schon in zarten Windeln:
Tyrannenlist, die freie Gedanken also jocht!«
Der Klempner heut nicht hämmert, der Küfer heut nicht klopft
und pocht.

Er steckt den Kopf durch's Fenster:»Ihr lieben Nachbarsleut',
Ruht heut das fromme Handwerk und feiert Sonntag heut,
Daß Hammer hält und Schlegel, karthäuserschweigsam, Frie-
de,
Und nicht mit gewohntem Klange mir einwiegt die Gedan-
kenschmiede?«

Der Küfer ruft:»Vom Schlosse klingt's so verstimmt, vertrakt;
Will ich den Schlegel schwingen, gleich bin ich aus dem Takt!«
Der Klempner schreit:»Dieß Fiedeln, mich bringt es noch von
Sinnen!
Wer mag sein stilles Handwerk mit innrer Sammlung da be-
ginnen?«

Zinngießer seufzt:»O Zeiten! Zum Bettel wird's mich bringen!
Löthharz kaum zu bestreiten! Die Geigen es ganz verschlin-
gen!«
Da stöhnt der Stolz des Weichbilds, der Merseburger Brauer:
»Dieß Geigendonnerwetter macht mir das Bier im Keller sau-
er!«

»Die Sage von der Riesin Schildkröt' ihr Alle kennt,
Die stumm zu Fall einst wühlte des Domes Fundament;
Jetzt hat der Fürst die Schale mit Saiten ihr bespannt,
Sie lebt und wühlt noch immer und untergräbt das ganze

Land!« –

Ein Mann aus wälschen Landen wallt just vorbei die Stätte,
Trägt auf dem Kopf Figuren von Gyps auf einem Brette;
Am Draht nickt jeder Schädel, ja! ja! nickt Kopf und Schopf.
Der Anwalt ruft:»Der Starke! Den ganzen Landtag auf dem
Kopf!

»Ja ganz der letzte Landtag! O neues Postulat:
Den Hofzwerg ausstaffire das Land mit Kleiderstaat![11]
Ihr gipsernen Landesväter, wollt ihr eur Brüderlein,
Das Zwerglein, neu bekleiden? Ihr nickt! Sagt endlich doch:
Nein, nein!

»Da bringt Lauchstädt die Höslein, Schkeuditz die Schühlein
gut,
Das Röcklein steuert Lützen, Mersburg als Haupt den Hut;
Nun rechnet euren Antheil! O unerhörter Druck!
O wär's für Mausoleen, wär's für der Krieger Waffenschmuck!

»Wär's für die Cosel, die seufzen tief unsre Nachbarn lehrt!
So schöne Augensterne sind ja des Seufzens werth:
Doch Länder auszupressen für solchen winzgen Gecken!
Merkt auf, es wird den Enkeln der Zwerg sich noch zum Rie-
sen strecken!«

Und:»Nieder mit dem Zwerge!« und:»Nieder mit dem Bas-
se!«
Rief's durch die Schaar; wilddrohend drängt sich zum Schloß
die Masse;
Die Trepp empor mit ihnen zum Saal der Anwalt steigt,
Wo in der Treuen Mitte zu Thron der Herzog sitzt und geigt.

Rings viel der tapfern Fiedler! Am untern End' der Kleine,
Der fest die Violine als Baß zwängt zwischen die Beine;
Als Flügelmann der Riese am andern Ende droben,
Der seinen Baß als kleine Armgeige spielend hält erhoben. –

---

[11] »Nach dem Landtage (1727) wurden die Stiftsstände, wie gewöhnlich, bei
Hofe gespeist. Bei der letzten Mahlzeit wurde noch eine Kollekte für den Hof-
zwerg angelegt. Jede Stadt gab 16 Groschen.« S. Landtagsverfassung im Hoch-
stifte Merseburg von J. G. Gbl. Leipz. 1796.

»In jenes Harfners Saiten lag solch blutdürstger Klang,
Daß selbst der fromme Erich in Wuth nach Waffen sprang:
So hat, o Fürst, das Dröhnen der Geig' in deiner Hand
Dein Volk gehetzt zum Wahnsinn, daß zorngewaffnet es auf-
stand!«
Der Anwalt glüht im Eifer, der Herzog aber schweigt,
Im Chore murrt die Menge, der Herzog aber geigt.

Er geigt ein Flageoletto, wie Wasser über Kieseln,
Ihr hört das Bächlein wallen, durch Wiesen murmelnd rieseln;
Kaltschaudernd ziehn die Geiger die Beine auf die Stühle,
Der Redner bangt der Nässe, daß ihn das Fußbad überkühle. –
»Dich schäme so schön zu spielen! Philipp zum Sohn es
sprach.
Und Alexanders Laute Antigonus zerbrach:
Dir ziemt ein Arm zum Herrschen, doch nicht zum Spiel der
Zitter!
Auch du, Fürst, dich ermanne und wirf den Geigentand in
Splitter!«

Der Anwalt sprüht's im Eifer, der Herzog aber schweigt,
Im Chore murrt die Menge, der Herzog aber geigt.

Es plätschert sein Ligato, ein Gießbach, dessen Gischt
Sich jetzt zerstäubt an Felsen, jetzt durch den Mühlgang
zischt;
Die kalten Fluthen steigen der Schaar bis zu den Bäuchen,
Sie fühlt sich schwindelnd, taumelnd, ergriffen von des Mühl-
rads Speichen.

Doch kreischt noch eine Stimme: »Der Schmach ist's allzuviel!
Statt Zepters einen Bogen, statt Trommeln Saitenspiel!
Die Hunde macht es bellen, doch schlägt es nicht die Türken;
Laß einmal Fiedelbogen das Wunderamt des Schwertes wir-
ken!«

Der Anwalt spricht sich heiser, der Herzog aber schweigt,
Die Menge murmelt leiser, der Herzog aber geigt.

Und arpeggiando fallen die Geigen Aller ein!
Da bricht's durch Fenster, Thüren, wie Fluthenschwall herein,

Die Wellen sich überstürzen und bäumen sich, tosen und to-
ben,
Und Tisch' und Stühle scheinen vom Wasser schaukelnd auf-
gehoben.
Das ist ein Schrein und Flüchten! Zur Pforte welch Gedränge!
Hinaus zur Thüre rudert, Ertrinkenden gleich, die Menge.
Die Stufen hinab welch Springen! Der Katarakt doch saust,
Nachstürzend, hinab die Treppe, bis mählich er am Markt
verbraust.

Und Friede war's! Wie genesen vom Otternbiß das Rasen
Des Kranken, dem die Flöte ward über die Wunde geblasen,
So heilte des Herzogs Geige der Meutrer Fieberhitzen; –
Die Neuzeit hat erfunden dafür Pariser Feuerspritzen.

Der Herzog bereist seine Staaten.

»Soll's, während wir hier geigen, im Land so übel stehn?
O laßt, wie ich regierte, mich eignen Auges sehn!
Den Schatz indeß bewahre Ries' Einheer, Zwerg Laurin.« –
Der Fürst rollt mit dem Kanzler inkognito durch's Land
dahin.

Incognito das heiße: Auf, Thüren und Thore weit!
Die Böller los und Glocken! Doch bergt, verhängt das Leid
Mit Blumen- und Mädchenguirlanden, betäubt's mit Sang
und Klang,
Macht doppelt tief den Bückling und eure Reden doppelt
lang!

Der Fürst sah über Lützen verspätete Geier steigen:
Nicht immer regieren weise die Fürsten, die nicht geigen;
Er sah es, wie in Lauchstädt bei hallischer Musen Sang
Natur, der Aerzte bester, den Kelch voll schäumenden
Heilborns schwang;

Er sah in der »goldnen Aue« das Meer von Saaten wogen,
Ein Bild bescheidnen Reichthums: Fruchtbäume von Last
gebogen,
Die Rebe, Südens Flüchtling, an Fenster um Einlaß klopfen,
Stolz mißt von luft'ger Stange sie, der hier König ist, der
Hopfen;

Um Schkeuditz die schönen Forste voll Tannen hoch und
schlank,
Dank! sang vom Thurm die Glocke, das Glöcklein der Trift
klang Dank!
In Lüften pfiff die Lerche, im Korn das Bäuerlein;
Der Fürst rief:»Du regierest fürtrefflich, goldner Sonnen-
schein!«

Volksjubel aller Orten, sich sonnend in Fürstenhuld!
O Eloquenz der Schulzen, o fürstliche Geduld!
Der Bürgermeister die Schlüssel darbringt auf Kissen und
Teller,
Und hat die Stadt nicht Thore, vergoldte Schlüssel sind's

vom Keller.
Umrankt von Arabesken ein heitres Dichterlied
Scheint's, wenn durch Ehrenporten der Herzog lächelnd
zieht,
Ganz weiß, ihm Blumen streuend viel Kindlein drängen
herein,
Der Herzog denkt zufrieden: Ich muß doch kein Herodes
sein! – –

Bei Dölitsch stehn auf der Höhe drei Linden alt und breit,
Im Frein hier hielten Landtag die Männer alter Zeit;
Da will der Herzog rasten, er sinnt und schaut zu Thale,
Saatfelder, Auen, Triften reiht an ihr Band, wie Perlen, die
Saale:

»Wie kommt's, daß diese Bäume den Menschen überdau-
ern
Und seine fliehnden Geschlechter und seine fallenden
Mauern?
Hat, Demuth uns zu predgen, der Herr sie aufgestellt?
Wie, oder einst zu Zeugen, gedächtnißstark, wenn Gericht
er hält?

»Wie dort des Stromes Wellen, so ihnen vorüber rauschen
Jahrhunderte voll Thaten! Sie aber stehn und lauschen;
Die Knospenaugen sehen, im Stamme wohnen Seelen,
Was ihnen vorgeschritten, sie werden's wieder einst erzäh-
len!

»Ein schön Berathen, ihr Alten, war's hier im Lindenzelte,
Frei vor dem Himmel, der helfe, frei vor dem Land, dem's
gelte!
Redfreiheit schützt der Panzer, an's Schwert greift flink der
Zorn;
Die Sonne lächelt schweigend: es wächst die Tanne, es reift
das Korn.

»Flohn wir, ihr Licht nur scheuend, zum Rath in dunkle
Kammer?
Heilt schneller der geschriebne, als der gesprochne Jam-
mer?

Die Motte frißt die Lettern, die Liebe schrieb, die Zorn;
Die Sonne lächelt schweigend: es wächst die Tanne, es reift
das Korn.
»Heil dir, weckt wie ihr Leuchten, Wohlwollen deine Saaten!
Weh dir, wenn deine Mißgunst verhagelt Keime der Thaten!
Den Weltgang wird's nicht irren, ist Hemmniß nicht, noch
Sporn;
Die Sonne lächelt schweigend: es wächst die Tanne, es reift
das Korn.

»Soll ich den Berg durchbohren, der mir den Weg umrändert,
Die Bahn des Stromes kürzen, der frei im Thale schlendert?
Das hieß' in Gottes Werke die Fehler bessern wollen;
Daß ich sie nicht verschlimmre, mag stehn der Berg, der
Strom mag rollen!

»Mir ist's, als weht' vom Himmel ein Blatt mir in den
Schooß
Ganz weiß, daß drauf ich schreibe ein Wort, doch wichtig,
groß!
Schreib' ich das Wörtlein: Liebe? Haß will doch auch sein
Recht!
Lieb' allem Edlen, Schönen! Haß Allem, was gemein und
schlecht!

»Mensch? Schreib' ich's mit Lettern von Staube, wär's nicht
ein dreist Anmaßen?
Gott? Schreib' ich mit Lichtbuchstaben ihn, den ich nicht
kann fassen?
Das Blatt blieb' unbeschrieben, den Winden gäb' ich's preis!
So wahrt' ich's frei von Makel, heimflög' es fleckenrein und
weiß.

»Doch Heil dem gewaltgen Arme, der in das Weltrad
greift,
Es hemmend oder treibend, bis ihn's zermalmt und schleift!
Der Schöpfergeist ist's selber, der sich in ihm verjüngt

Und, Gutes bessernd – schaffend, zerstörend – nur nach
Vollendung ringt.

»Den neuen Bau zu thürmen fühl' ich den Arm zu
schwach;
Möcht' er den alten schirmen getreu vor Fall und Schmach!
Getrost lass' ich des Zepters Gewicht Statthaltern zwein:
Dir freie Menschenseele, dir ewger, warmer Sonnen-
schein!«

Der Herzog wallt zu Thale. – Dort aus der Kirche schreitet
Ein Brautpaar; arme Leute, nicht von Musik begleitet.
»Wie? stumm, verwaist von Klängen, ein hochzeitlicher
Zug?
Zu bessern deinen Fehler, Herr, ist mein Arm jetzt stark
genug!«

Der Herzog nimmt die Geige, er streicht sie frei und stark,
In Aller Blick fährt Freude und Freude durchbebt ihr Mark!
Der Zweig im Haar des Bräutchens hat neuen Duft und
Glanz,
Im Reigen sich schwingen die Gäste, ein lebend gewordner
Blumenkranz!

Es wiegen sich die Klänge im klaren Vollmondschein,
Sie steigen empor die Hänge bis zu den Linden drei'n,
Die lauschen und die rauschen, als ob sie hätten Seelen;
Was heute sie erlauschen, sie werden's weiter noch erzäh-
len.

Hier wird Spielzeug verfertiget.

O Fürst, dein Dichter könnte, da eben du auf Reisen,
Mit seinem Stab die Pforten zu unterirdschen Gleisen
Dir öffnen und dich führen in deines Geschickes Schmiede;
Doch will kein Glück er stören, – oft mit dem Wissen flieht
der Friede. –

In der kristallnen Grotte tief im Verließ der Berge
Da wohnen gute Geister, die Kobolde, die Zwerge,
Die einst mit Menschen lebten, dem Knecht die Lasten trugen,
Dem Ritter die Rüstung schleppten, den Streithengst ihm mit
Gold beschlugen;

Die seinen Töchtern spannen das feinste Haar vom Rocken,
Die Kindern Spiele lehrten und kämmten die gelben Locken;
Ach, daß wir sie erzürnten mit Spott, unedlm Necken!
Ach, daß wir sie verscheuchten mit Kreuzeschlagen und
Weihbrunnbecken!

Wie Liebe, unerwiedert, noch heißer glüht im Brand,
So lieben sie Menschenkinder noch treu, wenn auch verbannt,
Für die nur schafft und rasselt die Werkstatt in dem Berge
Und hämmern, brau'n und raspeln, poliren und feilen Ko-
bold' und Zwerge.

Der schneidet Talismane, der schmilzt im Tiegel Metalle,
Der schnitzelt köstlich Spielzeug aus Gold und Bergkristalle;
Kunstproben ausgespeichert in Kasten rings und Laden,
Ein unterirdisch Nürnberg, ein geisterhaftes Berchtesgaden!

Und sengen Dem und Jenem den Bart die Grubenlichter,
Verzerren sie die häßlich gutmüthigen Gesichter
Doch immer sprüht die Esse und immer donnert die Schmie-
de,
Doch immer rasseln die Räder und rührig rauscht das Werk
zum Liede:

»Weh, daß wir, Geisteraugen, durchschauend Tiefe und Hö-
he,
Nur dunkeln sehn die Ferne, nur modern sehn die Nähe!

Weh, daß so schlecht die Blumen der Erde Verwesung de-
cken,
Weh, daß so schlecht die Sterne des Himmels Trostlosigkeit
verstecken!
»Weh, Mensch, daß du geboren! Vor unsres Auges Strahlen
Liegt bar dein armes Leben, Elend erkauft durch Qualen! –
Daß von des Sein's Entsetzen er ab sein Auge wende,
O Schacht, mit deinen Schätzen, mit deinem Flitter mild ihn
blende!«

So singen sie und schaffen; es tosen Speichen und Scheiben!
Die Splitter und die Späne, die von der Drehbank stäuben,
Demantenschutt und Goldstaub, fängt auf im Schurz die Na-
jade,
Genug, zu kaufen alle die Königreiche der Gestade.

Und hat vollendet Einer sein Spielzeug, sein Geschmeide,
Fort trägt er's, selbst unsichtbar, zu köstlicher Augenweide,
Dorthin, wo drauf recht helle die Sonnenstrahlen zielen,
Zur großen Blumenwiese, auf der die Menschenkinder spie-
len.

Recht wie den Balg ein Jüdlein, weiß er's zu drehn, zu wen-
den,
Daß Kinderaugen sein Kleinod bald locken muß und blenden,
Bis sich's ein Kind erhaschte! Doch das gibt's nimmer frei:
Indeß das Aug' ihm's fesselt, zieht ungesehn sein Leid vorbei.

Dem schlichten Kindertrosse gemeine Rößlein von Stecken,
Doch manche von Bändern flatternd, und andre bunte Sche-
cken;
Doch alle rennen und springen, – der Reiter sieht im Fliegen
Den Jammer nicht am Wege, bis Roß und Mann im Graben
liegen.

Doch schönen, klugen Kindern gibt's schöne feine Sachen!
Dort läßt ein Kobold fliegen Kometen als Rauschgolddrachen,
Ein Kind erfaßt den Faden, schaut immer ihm nach in die
Sterne:
Dem Bild graunvoller Nähe entfloh sein Blick in gleißende

Ferne.

Von Gold den Apfel schleudert ein andrer unter die Kleinen,
Des Apfels Stiel ein Kreuzbild, die Wangen von Edelsteinen;
Drum balgen sich die Knaben, – ihn faßt ein Königskind:
Der Glanz quillt um sein Auge, für Erdenjammer nun selig-
blind!

Der hascht die Silberflöte; ihr Klang ihn süß bezwingt,
Daß ungehört des Schmerzes Wehklagen ihm verklingt;
Der dort sich in des Prisma's Gluthfarbenspiel verschaut,
Sieht nicht des Lebens Töne ringsum erstorben und ergraut.

Ein Kobold wirft in die Lüfte ein goldnes Vögelein,
Rubine sind die Flügel, Demanten die Aeugelein;
Es zwitschert und singt so lieblich das Vöglein Poesie,
Da lauscht und lauscht ein Knabe, – dem eignen Elend horcht
er nie.

Auf einem blanken Stahlschild im Traum liegt einer der Kna-
ben,
Triumphe, Kriegerzüge sind kunstvoll drauf gegraben;
Sein Aug' sieht nur im Glanze des Ruhms Gestalten schreiten,
Geschlossen den Trauerzügen, die bleich an ihm vorüber
gleiten.

Mit Kichern und mit Lachen heim zu der Brüder Schaaren
Kam von der Blumenwiese ein Kobold einst vor Jahren:
»Goldgeiglein, das ich formte dem Fiedlersohn zur Spende,
Fiel heut im wirren Gedränge in eines Fürstenkindes Hände!

»Doch ihm auch soll's gefallen und nützen bis zur Bahre
Sein Ohr und Aug' bezaubern, daß ihm's zu sehn erspare
Des eignen Stamms Erlöschen, der dunklen Mächte Wallen,
Des deutschen Sternes Sinken, des großen Vaterlands Zerfal-
len!«

Eine Vision. Die Saiten klingen aus.

Der Sturzbach einst im Fallen wird festgebannt zu Eis,
Dem grünen Baum entwallen treulos die Blätter leis,
Des Meisters Hände, müde, herab die Harfe gleiten,
Nachdröhnen still und stiller, bis sie verstummen ganz,
die Saiten.

Es lehnt im Sorgenstuhle der Herzog schwach und krank,
Sein Haupt am Halse nieder der Favorite sank;
Der Zauber ihrer Stimme verfluthet in den Räumen
Und singt ihn leis in Schlummer und wiegt ihn in ein sü-
ßes Träumen.

Die Klänge scheinen Wellen, verspülend an die Küste,
Das Saitengedröhn Orkane, durchjagend des Meeres Wüs-
te;
Der Geige Hohl durchschauert ein heimlich Knistern,
Beben,
Wie eine Riesenpuppe spürt sie Entfaltungsdrang und
Leben.

Zum Schiffe wird die Geige, ihr Boden wird zum Kiele,
Ein Ruck, da schwankt's vom Stapel auf glattgeseifter
Diele!
Vom Land jauchzt Jubel! Freudig Okeanos aufspringt,
Schlägt Felsenbecken als Cymbeln; Posaunenstoß, Meer-
orgel klingt!

Das Schiff schwimmt stolz im Meere mit Flanken und
Bastionen,
Der Hals streckt sich zum Mastbaum, die Schrauben sind
Kanonen,
Vorüber legt als Bugspriet sich keck der Fiedelbogen,
Die Saiten werden Taue, Griffbrett das Steuer in den Wo-
gen.

Die Anker auf! Ein tüchtger Schnellsegler ist die Fregatte,
Daß bald des Festlands Anblick der Ozean bestatte!
Nun rings nur Fluth und Himmel! Die Sterne sinken und
steigen,

Die Wellen fliehn und kommen; ringsum ein tiefes, ewges
Schweigen.
O sieh, Fata Morgana, schwingst du hier Zauberruthen?
Es taucht ein grünes Eiland urplötzlich aus den Fluthen!
Doch aus den Büschen klingen auch Stimmen und Gesän-
ge
Von nie geschauten Vögeln, doch lauter wohlbekannte
Klänge!

Sieh, mächtge Ahornhaine mit breiten Blättern sprießen,
Und Fichten, deren Nadeln die Wolkenkissen spießen,
Auch Pernambuko's Sträucher mit krummgebeugtem
Schafte,
Seltsamer Form dazwischen der Ebenbaum, der fabelhaf-
te.

Und Elephantenrudel scheu durch die Büsche rasen,
Milchweiße schöne Rosse mit Lämmern auf Triften gra-
sen.
Doch jetzt zerstob's! – Der Geige war's nur ein Wieder-
schein,
Zu deren Bau gesteuert Lamm, Pferd, Olfant, Gehölz und
Hain.

Forttos't das Schiff im Meere, von Well' und Wind getra-
gen,
Der Herzog lehnt am Maste, das All möcht' er befragen:
»Soll, die ich übrall suche, ich nirgend finden, nie?
Wohin bist du geflüchtet, du all mein Sehnen, Harmonie?«

Auftauchen, Muscheln blasend, im Binsenkranz Tritonen,
Und singende Sirenen mit grünen Lockenkronen:
»Auch wir, auch wir sie suchen!« Der Fürst hört nur dieß
Wort,
Dann hält er zu die Ohren: »Ei sucht nur noch ein Weil-
chen fort!«

Da rief der Geist des Sturmes: »Ich auch, ich suche sie!
Wenn Flotten ich zertrümmre, zum Abgrund Thürme
zieh',
Wenn ich das Segel reiße, wie ein Libell, entzwei

Und Felsen rüttle, – zweifelt, daß Harmonie die Kraft nur
sei!«

Da kamen mildre Geister: Windstille, Westhauch, Brise;
Sie gossen Oehl aus Krügen, das Meer schien eine Wiese,
Sie sangen süß im Chore:»Wir auch, wir suchen sie!
Wir helfen, heilen, schmeicheln; ist denn nicht Liebe Har-
monie?«

Der Geist des Wirbelwindes rief aus der Wasserhose:
»Was nütze jenes Toben, was helfe dieß Gekose?
Herab zieh' ich die Wolke, das Meer empor ich zieh',
Zusammen schraub' ich beide: Vermittlung nur ist Har-
monie!«

Da kam die Nacht und legte um jedes Aug die Binde:
»Willst du im Geiste schauen, dein irdisch Aug erblinde!
Sie kommt, wenn du nicht suchest; nicht suchend – such'
ich sie.
Stark Ein Sinn, todt die andern! Bewußtlos findst du Har-
monie!«

Jetzt blendend hell wird's plötzlich! Anstürmen aus aller
Ferne
Kometen mit brennender Schleppe, Laternenknaben Ster-
ne,
In goldner Rüstung Sonne, pfeilschleudernde Amazone,
Nordlicht im wallenden Purpur, am Haupt die funkelnde
Islandskrone;

Auch Mond, der bleiche Jüngling, schwärmend für Licht
und Recht,
Manch irdisch Feuer: auf Erden gefallnes Engelgeschlecht;
Die Fackeln sprühn und prasseln!»Wir auch, wir suchen
sie!
Im Licht ward sie geboren! Bewußtsein nur ist Harmonie!«
– –

Herr Moritz fühlt sich gehoben, entrückt der Erdensphäre,
Sein Schiff, es ist verwandelt zur leichten Mongolfiere;
Nicht mehr durch grüne Wogen, durch Wolken geht sein
Schiffen,

Durch's blaue Meer des Himmels, vorbei der Sterne goldnen Riffen.

Tief unter ihm die Summen der Welt zusammenschlagen,
Was sie vereinzelt suchen, sie all vereint es tragen!
Selbst Schweigen ward nur Pause, Mißklang zur Note hie;
Ein süßes Tongebrause:»Der Ganzheit All ist Harmonie!«
Empor geht's rasch im Fluge zu sonnigen Strahlenstätten;
Sieh da, schon Cherubime, die himmlischen Vedetten!
Leiblose Flügelköpfchen! –»Mein Weib, du sahst noch nie
So allerliebste Fächer!« – Sie aber singen:»Wir fanden sie!«

Herr Moritz denkt: das sollte mich wundern übermaßen,
Euch fehlen ja die Händchen, ein Saitenspiel zu fassen! –
Doch immer steigt er höher und immer fliegt er schneller,
Und immer tönt es süßer und immer wird es heller, heller.

Sieh nun, aus Sanzio's Bilde die himmlische Musica:
Die lockigen Seraphime, den Bogen führend, da!
Zum goldgewölbten Basse das Haupt verklärt sie neigen:
Das ist die heilige Stelle, allda der Himmel hängt voll
Geigen.

Begeistert lenkt am Pulte die Meisterschaar der Frommen
Jubal, von dem die Geiger und Pfeifer all herkommen;
Dabei manch einst Verkannter! Nicht dacht' er hier zu
finden
Des Hirten Flöt' aus Schilfrohr, des Dorfes Fiedler auch,
den Blinden!

Cäcilia in die Tasten der Orgel mächtig greift,
Sankt Peter selbst im Takte aus seinen Schlüsseln pfeift,
Posaunen führen Jene, und Cymbeln, Harfen Die;
Ein Ozean der Töne:»Wir fanden sie, wir fanden sie!«

Der Sinn Herrn Moritz schwindet, denn lichter ward's und
lichter;
Sein Aug von Glanz erblindet, er fühlt's: nah ist sein Richter!
Geblendet und vernichtet sinkt er in sich und spürt,
Wie ihm ein feuriger Finger das Haupt, das Herz, die

Hand berührt.

Berührt hat's seine Stirne: – ein himmlisches Kopfschüt-
teln!
Er sieht der Strahlenlocken fast unzufriednes Rütteln;
Berührt hat's nun sein Herze: – sieh ein befriedigt Lächeln!
Er fühlt der Lichtfluth Wellen, Glanzfittige, heitrer ihn
umfächeln.

Nun ihm's die Hand berührte, hört eine Stimm' er sagen:
– Der Ton schien's seines Lehrers aus fernen Kindertagen!
–
»Die Hand blieb ohne Makel! Als Sternbild rage sie
Inmitten Harf' und Lyra und beider Saiten schlage sie!« – –

»Laßt uns den Leib begraben!« So sang ein Trauerzug
Im Merseburger Dome. Die schwarze Bahre trug
Den Herzogshut des Todten. Falsch klang die Melodei;
Ist's, weil erstickt von Thränen? ist's weil der Meister nicht
mehr dabei?

Längst ruht er bei den Seinen. – Die du aus Erz und Stein
Denkmale thürmst, o Nachwelt, ist dir mein Held zu
klein?
Laß ihn im Standbild ragen, wie lebend mit dem Basse:
Zum erstenmale wäre gehaun der Baß in Marmors Masse.

Heiß' einen Steinblock wälzen die Bergeswächter Zwerge,
Ein Prachtstück sei's, wie jener Koloß am Zobtenberge!
Dann grabe – du kannst es selten – die Worte in den Stein:
»Dem Fürsten, dessen Hände von Blut- und Dintengräuel
rein!«

Nicht fehl' ein Kranz! Statt Lorbers Palmzweige nur, Jas-
mine!
Und meinst du, daß mit nichten sein Haupt den Kranz
verdiene,
So wind' ihn als Sordine grün um die Saitenstränge,

Tondämpfend, wenn das Bildniß vielleicht, ein neuer
Memnon, klänge. –
Euch, die dem Sänger folgten zu Ende des Gedichts,
Euch wünscht er die Lebensschale voll reinsten Sonnen-
lichts,
Und eurem Rößlein – ihr reitet wohl eines? – Futter in
Menge,
Und daß zu allen Zeiten voll Geigen euer Himmel hänge.

Anhang.

Du bist ein Freund – in Leben und Poesie – von Rosen.

Bauernfeld.

– – ein Rosenlied, in welchem es »von Rosen um und an roset«, fast noch mehr
als in den rosenäthervollen Gedichten meines theuren Freundes
A. Grün.

Gust. Schwab.

Man kann Herrn Grün in der That einen wahren Rosen-Döbler nennen – – –
ohne Rosen geht es bei Herrn Grün nicht ab – –

Konr. Schwenck.

Zur Verständigung.

An Eduard von Bauernfeld.

(Mit Bezug auf dessen Gedicht: »Einem Dichter, meinem Freunde«
in Fr. Witthauer's Wiener-Zeitschrift v. J. 1843. Nr. 40.)

Im März 1843.

Ich fuhr aus Wiens Gemäuern, der Stadt, mir lieb vor
allen,
Die meine Jugend pflegte, mein erstes Dichterlallen,
Die treu bewahrt dem Manne manch Freundesherz, er-
koren,
Und die ich Mutter nenne, da sie mir Brüder ja geboren.

Nacht war es rings und Schweigen. Mein Träumen war
umklungen
Noch von dem Wort der Liebe, das du mir jüngst gesun-

gen;
Stumm schliefen an meiner Seite im Wagen die Genos-
sen,
Auswanderer zu fernem Grunde: ein Bündel junger Ro-
sensprossen.

Zwei Liebende in der Laube, die haben sich viel zu sa-
gen,
Doch sollten wir draußen lauschen, es wäre schwer zu
ertragen;
Der Rose Freund – du weißt es – in Poesie und Leben,
Vergaß ich oft, ihr huld'gend, daß liebe Lauscher mich
umgeben.

So ward ihr Duft unmerkbar in meinem Lied zur Fehle,
Doch bangt nicht, daß ihr Blühen Euch allzuoft noch
quäle;
Sind erst erkannt die Fehler, bald sind gebessert sie,
Leicht ist entbehrt ein Röslein im unermess'nen Reich
Poesie!

Doch halt, da hätt' ich die neuste Grenzmarkung bald
vergessen,
Die Politik, das Steinland, allein ihr zugemessen;
Das wären schmale Grenzen! Vor Jahren scholl die Klage,
Daß Politik den Durchmarsch poet'schem Truppenvolk
versage.

Ein Zug von kecken Reitern gewann dem großen Staat
Das kleine Nachbarländchen; o schöne Waffenthat!
Begeisterung führte das Häuflein, bin auch gewesen
dabei,
Am Helm die Lieblingsblume, und eben nicht in letzter
Reih'!

Nun soll das Reich nur die eine, erkämpfte Provinz um-
fassen,
Die schönen Stammeslande verödet stehn, verlassen!
Empor all ihr getreuen Vasallen der Poesie,
Laßt nicht die Heimat schmälern und ruft im Zorne:
Nein und nie!

Der Bajonnette Flimmern in einer Vollmondnacht,
Patrouillenruf um's Lager, Wachfeuer, Vorpostenwacht,
Das Flüstern der Parole, das Rasseln der Batterie,
Es ist ein Stück Poesis, doch nicht die ganze Poesie.

Die ist kein Bergschacht Erzes, für Euch zur Waffenstätte,
Doch auch nicht Blumenwiese, die Andre zu Schlummer
bette
Und nicht der fette Acker, der Jene mit Brot versehe;
Sie ist die ganze Erde, mit allem Jubel, allem Wehe.

Sie ist kein träger Weiher, der Spiegel der Libelle,
Kein Strom, der euren Münzen flößt die goldreiche Wel-
le,
Kein Bächlein, Eschen tränkend zum Schaft für eure
Lanze;
Sie ist das ganze Weltmeer, mit allen Schrecken, allem
Glanze.

Sie ist kein einzeln Sternlein, das liebekrank sich härmt,
Sie ist auch nicht die Sonne, die Weltbeherrschung
schwärmt;
Auch kein Komete, Herold von Krieg, Pest und Gericht;
Sie ist der ganze Himmel, mit aller Nacht und allem
Licht.

Sie liegt nicht bloß im Worte, das durch die Welt sich
schwang
Auf Blättern, Mimenlippen und zum Guitarrenklang;
Wie Pracht der Alpenblumen, die ungesehn geblieben,
So sind's vielleicht die größten der Dichter, die kein Wort
geschrieben.

Denn viel Metalls klingt über die Erde ausgegossen;
Doch mehr noch halten die Berge in stummer Kluft ver-
schlossen;
In Fülle bei Menschenfesten Demanten, Perlen glänzen,
Mehr birgt noch Schacht und Welle, sich selbst zu
schmücken und zu kränzen.

Es ist all irdisch Dichten ein niebeendet Lernen,
Ein Lesen der Meisterwerke aus Blumen, Wellen, Ster-

nen,
Jetzt Mondennacht-Idylle, jetzt Hochgewitters Ode;
Wer las das Buch zu Ende? der große Geist bleibt uns
Rhapsode.

Doch er, ein milder Meister, will Alle unterrichten,
Nach aufgegebnen Reimen in seiner Art zu dichten;
Er läßt sie niederflattern auf weißen Blüthenblättern,
Schreibt auf die schwarze Tafel des Himmels sie mit
goldnen Lettern.

Nun, Schüler, versucht die Lösung! Doch sei's kein klap-
pend Klingen,
Der Reim muß Herzen versöhnen und muß die Geister
beschwingen!
Horch, Trennung braust das Weltmeer hin zwischen
Land und Land,
Da knüpft das Schiff der Menschen des Reims und Wie-
derfindens Band.

Sieh dort – wo erst noch Wüste, kein Blühen, Singen,
Keimen –
Des Bauers Pflug und drüber die Lerche köstlich reimen!
Sieh, an des Ufers Hütten die Brandung schleudert der
Sturm,
Der Mensch erlernt vom Felsen den Reim und baut sich
Wall und Thurm.

Nun Anmuth naht und Schönheit – wer da verschont
noch bliebe
Vom Dichterruf! – doch findet sich darauf *ein* Reim nur:
Liebe!
Der Mensch, der schwer zu reimen vermag sein irdisch
Leid,
Ersann am Grab der Liebe den kühnen Reim: Unsterb-
lichkeit.

Der Regenbogen in Farben, nach Wettern ausgezogen,
Ist mir ein etwas größ'rer Mailänder-Friedensbogen;
Dünkt eine Riesencocarde er Euch, möcht' ich nicht
schelten,

Der Meister läßt uns Alle, o lassen wir auch All' uns gelten!

Auf Frühlingssonn' ist Rose der Reim – mir wuchs er zum Hain: –
Was glomm sie auch so helle! – Seht, wieder verlockt ihr Schein!
Ich will in Edelzweigen ihr pflanzen im Gartenriede
Die alten Rosenreime – doch neue suchen meinem Liede.

 tredition®

Über tredition

Eigenes Buch veröffentlichen

tredition wurde 2006 in Hamburg gegründet und hat seither mehrere tausend Buchtitel veröffentlicht. Autoren veröffentlichen in wenigen leichten Schritten gedruckte Bücher, e-Books und audio-Books. tredition hat das Ziel, die beste und fairste Veröffentlichungsmöglichkeit für Autoren zu bieten.

tredition wurde mit der Erkenntnis gegründet, dass nur etwa jedes 200. bei Verlagen eingereichte Manuskript veröffentlicht wird. Dabei hat jedes Buch seinen Markt, also seine Leser. tredition sorgt dafür, dass für jedes Buch die Leserschaft auch erreicht wird.

Im einzigartigen Literatur-Netzwerk von tredition bieten zahlreiche Literatur-Partner (das sind Lektoren, Übersetzer, Hörbuchsprecher und Illustratoren) ihre Dienstleistung an, um Manuskripte zu verbessern oder die Vielfalt zu erhöhen. Autoren vereinbaren direkt mit den Literatur-Partnern die Konditionen ihrer Zusammenarbeit und partizipieren gemeinsam am Erfolg des Buches.

Das gesamte Verlagsprogramm von tredition ist bei allen stationären Buchhandlungen und Online-Buchhändlern wie z. B. Amazon erhältlich. e-Books stehen bei den führenden Online-Portalen (z. B. iBookstore von Apple oder Kindle von Amazon) zum Verkauf.

Einfach leicht ein Buch veröffentlichen: **www.tredition.de**

Eigene Buchreihe oder eigenen Verlag gründen

Seit 2009 bietet tredition sein Verlagskonzept auch als sogenanntes "White-Label" an. Das bedeutet, dass andere Unternehmen, Institutionen und Personen risikofrei und unkompliziert selbst zum Herausgeber von Büchern und Buchreihen unter eigener Marke werden können. tredition übernimmt dabei das komplette Herstellungs- und Distributionsrisiko.

Zahlreiche Zeitschriften-, Zeitungs- und Buchverlage, Universitäten, Forschungseinrichtungen u.v.m. nutzen diese Dienstleistung von tredition, um unter eigener Marke ohne Risiko Bücher zu verlegen.

Alle Informationen im Internet: **www.tredition.de/fuer-verlage**

tredition wurde mit mehreren Innovationspreisen ausgezeichnet, u. a. mit dem Webfuture Award und dem Innovationspreis der Buch Digitale.

tredition ist Mitglied im Börsenverein des Deutschen Buchhandels.

Dieses Werk elektronisch lesen

Dieses Werk ist Teil der Gutenberg-DE Edition DVD. Diese enthält das komplette Archiv des Projekt Gutenberg-DE. Die DVD ist im Internet erhältlich auf **http://gutenbergshop.abc.de**

Zeitfracht Medien GmbH
Ferdinand-Jühlke-Straße 7
99095 Erfurt, Deutschland
produktsicherheit@kolibri360.de